Colloquial
Estonian

THE COLLOQUIAL SERIES
Series Adviser: Gary King

The following languages are available in the Colloquial series:

Afrikaans	French	Portuguese of Brazil
Albanian	German	Romanian
Amharic	Greek	Russian
Arabic (Levantine)	Gujarati	Scottish Gaelic
Arabic of Egypt	Hebrew	Serbian
Arabic of the Gulf and Saudi Arabia	Hindi	Slovak
	Hungarian	Slovene
Basque	Icelandic	Somali
Breton	Indonesian	Spanish
Bulgarian	Irish (forthcoming)	Spanish of Latin America
Cambodian	Italian	
Cantonese	Japanese	Swahili
Catalan	Korean	Swedish
Chinese	Latvian	Tamil
Croatian	Lithuanian	Thai
Czech	Malay	Turkish
Danish	Mongolian	Ukrainian
Dutch	Norwegian	Urdu
English	Panjabi	Vietnamese
Estonian	Persian	Welsh
Filipino	Polish	Yoruba (forthcoming)
Finnish	Portuguese	

COLLOQUIAL 2s series: *The Next Step in Language Learning*

Chinese	German (forthcoming)	Spanish
Dutch	Italian	Spanish of Latin America
French	Russian	

All these Colloquials are available in book & CD packs, or separately. You can order them through your bookseller or via our website www.routledge.com.

Colloquial
Estonian

Christopher Moseley

LONDON AND NEW YORK

First published 1994
by Routledge
2 Park Square, Milton Park, Abingdon, Oxon, OX14 4RN

Simultaneously published in the USA and Canada
by Routledge
270 Madison Avenue, New York, NY 10016

Reprinted with corrections 1996

Reprinted 2003, 2005, 2006, 2007 (twice)

Routledge is an imprint of the Taylor & Francis Group, an informa business

© 1994 Christopher Moseley

Typeset in Times Ten by Florencetype Ltd, Stoodleigh, Devon

Printed and bound in Great Britain by
TJ International Ltd, Padstow, Cornwall

All rights reserved. No part of this book may be reprinted or reproduced or utilized in any form or by any electronic, mechanical, or other means, now known or hereafter invented, including photocopying and recording, or in any information storage or retrieval system, without permission in writing from the publishers.

British Library Cataloguing in Publication Data
A catalogue record for this book is available from the British Library

Library of Congress Cataloging in Publication Data
A catalogue record for this book is available from the Library of Congress

ISBN10: 0-415-08743-0 (book)
ISBN10: 0-415-28683-2 (CDs)
ISBN10: 0-415-42701-0 (book and CD pack)

ISBN13: 978-0-415-08743-8 (book)
ISBN13: 978-0-415-28683-1 (CDs)
ISBN13: 978-0-415-42701-2 (book and CD pack)

Contents

Introduction   1
The sounds of Estonian   5

1 Kaks vana sõpra
Two old friends   11

2 Telefon
The telephone   17

3 Kohvikus
In a café   27

4 Tartus
In Tartu   40

5 Pireti juures
Visiting Piret   51

6 Nädala päevad
Days of the week   59

7 Sünnipäev
A birthday   65

8 Riided
Clothing   72

9 Piret ostab riideid
Piret buys clothes   82

10 Ilm ja aastaajad
Weather and the seasons   89

11 Kauplustes
Shopping   97

12 Tööelu
Working life   105

13 Perekonna elu	
Family life	112
14 Meresõit	
Sailing	120
15 Küllakutse	
An invitation	126
16 Eesti kirjandus	
Estonian literature	135
17 Kaubamajas	
At a department store	144
18 Eesti novell	
An Estonian short story	151
19 Rongisõit	
A train journey	158
20 Jõulud	
Christmas	165
Key to exercises	174
Ready-reference grammar	191
Glossary of grammatical terms	198
Estonian–English glossary	202
English–Estonian glossary	225
Grammatical index	230

Introduction

Estonian is a member of the Baltic-Finnic group of the Finno-Ugrian family of languages, and is thus one of the few languages in Europe that is not Indo-European. It is closely related to Finnish (and to the almost extinct languages Livonian, Vepsian and Votic) and more distantly related to Hungarian. To the uninitiated reader, then, Estonian will at first seem very baffling, and even quite daunting, with few if any features recognizable to the English speaker. But it is not a particularly complex language to learn once one becomes familiar with a few grammatical rules and its coherent and regular processes of word and sentence formation. It is written in the Roman alphabet, and its spelling system is very consistent and regular.

Up to now there has been no comprehensive and widely available textbook of the Estonian language in English, and this book is an attempt to make up for that absence. It is designed both as a self-tutor and for use in classes. Although all points of pronunciation, grammar and syntax are explained as simply and plainly as possible, it should also satisfy the student of linguistics in that it attempts to be thorough and accurate as well. There are two cassette tapes to accompany this book to help you to get acquainted with the sound of the language and to interact with it. The subject matter covered in the lessons aims to give as broad a reflection as possible of modern Estonian life, whatever one's motives for learning the language may be.

Estonian is the native language of about one million people living in the Republic of Estonia, situated on the southern shore of the Gulf of Finland at the eastern end of the Baltic Sea. It is also spoken by another hundred thousand people of Estonian birth or descent living in Sweden, Germany, the USA, Canada, the UK, Australia and several other countries.

The country has had a turbulent and fascinating history, largely owing to its sensitive strategic position. To its north lies Finland, to the west, Sweden, to the south, Latvia and to the east, Russia. The proximity of all these countries is reflected in varying degrees in the Estonian language. Another profound cultural and linguistic influence on the language has been exercised by the Baltic-German nobility who lived in what was then Livonia (present-day Estonia and Latvia) from the times of the Teutonic Knights or 'Brethren of the Sword', who brought Christianity to the region in the twelfth century. German cultural influence on the Estonian language is evident not only in the rich vein of vocabulary relating to church and state administration and everyday cultural artefacts, but even in the word order. The next stratum of cultural influence laid down on the language came from Sweden, which administered Livonia for over two hundred years, from the sixteenth to the eighteenth centuries. Estonia's neighbour Finland was under Swedish rule for a much longer period, and Swedish influence on the Finnish language was consequently much more profound than on Estonian. In the eighteenth century the shift in the balance of power in northern Europe brought Livonia within the Russian Empire, in which it remained until Estonia, like the other Baltic republics of Latvia and Lithuania, became an independent republic in 1918.

Even then, Estonia's independence was not easily held; a bitter civil war lasted until 1920, and the independent state of Estonia lasted only until 1940, when the country, along with its Baltic neighbours, was forcibly absorbed into the Soviet Union as a result of the Molotov–Ribbentrop pact which divided north-eastern Europe into spheres of influence between the Nazi and Soviet empires.

It was only during this Soviet period that Russian influence on the Estonian language made itself felt profoundly. The far-reaching changes in Estonian society that the Soviet administration brought with it are of course reflected in the vocabulary of modern Estonian. Now that Estonia is independent again, following the country's declaration of independence in 1990 and the collapse of the USSR in 1991, it remains to be seen how deep-rooted this Russian influence on the language has been.

Present-day Estonia is a country undergoing rapid change. Even during the darkest days of the Soviet era, the Estonians were a westward-looking people, who enjoyed one of the highest material standards of living in the USSR. Cultural links with Finland were maintained as far as possible, and Estonia's unique culture was preserved with fierce pride against almost overwhelming odds. The greatest threat to the integrity of the nation was posed by the influx of immigrants from other Soviet republics, mostly Russia, and the concomitant policy of heavy industrialization which was a conscious part of the Soviet programme of welding together a community of 'fraternal' republics. The legacy of this is the large Russian-speaking population which remains in Estonia today. Only time will tell what will become of the ethnic disparities that exist in the young republic.

The English-speaking visitor to Estonia today will find a ready welcome from a people who are keen to establish and develop contacts with their western neighbours, from whom they have for so long been artificially cut off. The welcome will be even warmer for someone who has made the effort to learn something of the culture and language of this unique nation. Of course, for those who know Russian it is possible to get by in a superficial way, and even communicate with the sizeable Russian-speaking population, but if you really want to get to know Estonia well, the only way is to learn the language. You will find that your Estonian friends and colleagues are eager to help and encourage you, and the experience of learning this beautiful tongue will be well worth the effort. Good luck in your studies!

In the vocabulary lists that appear throughout the book, nouns and adjectives are given in the nominative and genitive cases; the partitive form is also given in the glossary at the end of the book. A dash (–) indicates that the form is identical to the nominative.

Acknowledgements

I would like to record my grateful thanks to numerous people who have offered help and encouragement in the writing of this book. In the initial stages my inspiration and guidance came from Professor Eduard Vääri of the University of Tartu, whose knowledge of the intricacies both of the Estonian language and of teaching it are second to none. As the book developed I have had invaluable help and numerous suggestions from Tiina Tamman, Alliki Lukk and Merit Ilja, to whom I am sincerely grateful. Any sins of omission or commission that remain after their careful scrutiny are entirely my own.

In writing this volume I have consulted several authoritative dictionaries and textbooks, which I would like to mention here:

Dictionaries

M. Rauk (1980) *Inglise–eesti sõnaraamat koolidele*, Tallinn: Valgus.
P. F. Saagpakk (1981) *Eesti–inglise sõnaraamat*, New Haven: Yale University Press.
J. Silvet (1980) *Eesti–inglise sõnaraamat*, Tallinn: Valgus.

Textbooks

T. Kuldsepp and T. Seilenthal (1986) *Mõnda Eestist*, Helsinki: Suomalaisen kirjallisuuden seura.
H. Leberecht and T. Mäntylä (1990) *Tere tulemast*, Jyväskylä: Akateeminen Kustannusliike.
F.J. Oinas (1975) *Basic Course in Estonian*, Bloomington: Indiana University Press.
W. Oser and T. Salasoo (1982) *Estonian for Beginners*, Sydney: Estonian Learning Materials.
E. Vääri (1975) *Viron kielen oppikirja*, Helsinki: Suomalaisen kirjallisuuden seura.
—— (1980) *Eesti keele õpik keskkoolile*, Tallinn: Valgus.

The sounds of Estonian

The alphabet (names of the letters in brackets)

a	(aa)	k	(kaa)	[z]	(zee)
b	(bee)	l	(ell)	[ž]	(žee)
[c]	(tsee)	m	(emm)	t	(tee)
d	(dee)	n	(enn)	u	(uu)
e	(ee)	o	(oo)	v	(vee)
[f]	(eff)	p	(pee)	[w]	(topeltvee/kaksisvee)
g	(gee)	[q]	(kuu)	õ	[õõ]
h	(haa)	r	(err)	ä	[ää]
i	(ii)	s	(ess)	ö	[öö]
j	(jott)	[š]	(šaa)	ü	[üü]
				[x]	(iks)
				[y]	(igrek)

The letters given in square brackets occur only in words and names of foreign origin.

Pronunciation

You can hear a selection of the following material on the accompanying cassettes.

Consonants

The consonants **g**, **b**, **d** are pronounced like their English counterparts, but with slightly less voicing. In genuine Estonian words they are not found in the first position.

lugeda	to read	**pada**	pot
sugu	genus, stock, family	**pidada**	to hold
mägi	hill	**ader**	plough
viga	mistake	**tuba**	room
magada	to sleep	**habe**	beard
põder	elk	**lubada**	to promise
rida	row, line	**hõbe**	silver

In the final position in a word **b, d** and **g** lose their voicing:

tuleb	comes	**sulg**	feather, pen
toad	rooms	**kuld**	gold
poeg	son	**kurb**	sad

The consonant combination **ng** is always pronounced ŋg:

ring	circle	**mäng**	I play

The consonants **b, d, g** and **k, p, t** form a set which are subject to a phenomenon called 'consonant gradation'. Depending on a variety of factors which we shall study in the grammar lessons, these sounds occur in different 'grades' of length and voicing.

At the beginning of a word, **k, p** and **t** are pronounced as in English, but without the aspiration or slight puff or air which is usually emitted in English words:

kana	hen	**kott**	bag
paras	right	**pea**	head
taga	behind	**tere**	hello

Within a word, **k, p** and **t** are lengthened after a stressed short vowel:

rukis	rye	**õpin**	I learn
tiku	of a match	**lipu**	of a flag
lükata	postpone	**mõte**	thought

After a long vowel or diphthong or a voiced consonant, **k, p** and **t** are pronounced even longer, with double length:

sööki	(some) food	**aitan**	I help
vaipa	(some) carpet	**jäätis**	ice cream
vaatan	I look		

When written double, **kk, pp** and **tt** are longer still, even at the end of a word:

pakkuda	to offer	**tükk**	piece, item
kokku	together	**õppida**	to learn

tuppa	into the room	**katta**	cover
kappi	into the cupboard	**võtta**	to take

The dental consonants (those in which the teeth are involved in articulation), namely **d, t, n, l** and **s**, occur in two forms: unpalatalized and palatalized. Palatalization originally occurred because of a following **i** or **j**: **ostja** 'buyer', **võti** 'key'; but in the present-day language the **i** which caused the palatalization has in some cases been dropped as the result of sound changes. Palatalization is not shown in written Estonian. In the following examples, we need to know other forms of the word – the type of declension involved – in order to guess whether the final consonant is palatalized or not:

palatalized   unpalatalized
müts (*gen.* **mütsi**) cap   **müts** (*gen.* **mütsu**) thump
patt (*gen.* **pati**) stalemate   **patt** (*gen.* **patu**)   sin
kott (*gen.* **koti**) bag, sack   **kott** (*gen.* **kota**)   large shoe

l and **s** are clearer than in English, because the point of articulation in Estonian is lower and further forward:

süsi	coal	**elan**	I live
sisse	in(to)	**talle**	to him

h is usually pronounced as in English:

hammas   tooth

The letter **j** is pronounced like the 'y' in English 'yet':

maja   house   **majja**   into the house

Generally no difference is heard in pronunciation between **s** and **z**, or **š** and **ž**, of which the last two, found only in foreign words, represent the sounds in 'ship' and 'beige'. None of the sounds is usually voiced.

The sound **r** is fairly strongly trilled, and can occur both short and long:

korral   in case   **härra**   gentleman, Mr

The other letters occurring in native words, namely **m, n** and **v** are pronounced as in English, but when written double they are pronounced with extra length.

mina   I   **minna**   go

f, which occurs only in recent foreign loans, is pronounced as in English:

| šeff | chief, boss | **film** | film |

q, w, x and **y** occur only in foreign names and have no designated pronunciation in Estonian.

Vowels

There are nine vowels in Estonian, three of which do not occur in English. All of them may occur either short or long, and are written as such.

a is pronounced short as in 'agenda' and long as in 'father':

| **hallo** | hallo | **taas** | again |
| **tahtsin** | I wanted | **saame** | we get |

e is pronounced short as in 'fell' and long as in 'café':

| **tere** | hi, good-day | **meeldiv** | pleasant |
| **kell** | clock | **need** | these, those |

i is pronounced short as in 'filling' and long as in 'feeling':

| **iga** | each | **viis** | five |
| **mida** | what | **kiiresti** | quickly |

o is pronounced short as in 'pot' and long as in 'port':

| **kolm** | three | **oktoober** | October |
| **kohvik** | café | **Soome** | Finland |

u is pronounced short as in 'put' and long as in 'stool':

| **kuna** | when | **juuli** | July |
| **pulma** | of a wedding | **suu** | mouth |

õ is a narrow, unrounded back vowel. It is produced with the tongue in the position for 'u' as in 'put' and the lips in the position for 'i' in 'pit'. The nearest English equivalent is the vowel in 'bird', but õ is more tense:

| **õpin** | I study | **võõras** | foreign |
| **kõne** | speech | **põõsas** | bush |

ä is identical to the vowel in English 'cat':

| **käsi** | hand | **hääl** | sound |
| **tänan** | I thank (you) | **äär** | edge |

ö is a narrow rounded central vowel, like the same letter in German:

öelda	to say	**söön**	I eat
köök	kitchen	**töö**	work

ü is a narrow rounded front vowel, like the same letter in German:

süda	heart	**süüa**	to eat
püha	sacred, festival	**püüda**	try

Note that for all the above vowels, the long form has the same quality as the short, and is not a diphthong or a different vowel as in some cases in English.

In addition to pure vowels, there are numerous diphthongs in Estonian, including:

ai	**aitäh**	thanks	ui	**kui**	as, when, if
au	**au**	honour	õu	**lõug**	chin
ei	**ei**	not	äe	**päev**	day
oa	**noad**	knives	äo	**näo**	of a face
oi	**poiss**	boy			

Stress

The main stress in words of Estonian origin is on the first syllable, but in words of recent foreign origin it may also fall on subsequent syllables, as underlined below:

all_e_rgia	allergy	**revolutsi_oo_n**	revolution
Austr_aa_lia	Australia	**part_ei_**	(political) party
probl_ee_m	problem		

Exceptions among native words are very rare indeed; one such word is **ait_ä_h** 'thanks'. This word is also an exception to another rule: that all vowels may occur in the first (stressed) syllable of words of Estonian origin, but subsequent syllables may contain only **a**, **e**, **i**, **o** or **u**, and of these, **o** occurs only rarely. This is the result of a process of sound change in Estonian.

Exercise

Practise saying these words aloud:

buss	bus	ema	mother
gaas	gas	homme	tomorrow
dollar	dollar	liiv	sand
Helsingi	Helsinki	vilu	cool, chilly
sangad	handles, frames	mõni	some
		kõrge	high
pipar	I learn	üks	one
nutan	I weep	müüa	to sell
ratas	wheel	süüa	to eat
mitu	some	süü	guilt
rääkida	to speak	küüs	nail, claw
kleiti	(some) dress	hästi	well
		täna	today
pakk	packet	alles	only, not until
appi hüüda	to call for help	vabanda	excuse (me)
		veel	still, yet
ette	forward	enamik	majority
lipp	flag	midagi	something
vett	(some) water	kiirus	speed
		viimane	last
kisa	shout	viiksin	I would take
asi	thing	hotell	hotel
tulen	I come	oleme	we are
kallas	shore	konstitutsioon	constitution
hiir	mouse	juuni	June
hea	good	just	just, exactly
hind	price	mu	my
hääl	voice	praen	I fry
palju	much	mao	snake's
juba	already	teadus	science
ju	indeed, after all	poed	shops
		veebruar	February
järgmine	next	lõa	of a tether
rõõm	joy	nõel	needle
veri	blood	sõita	to travel
nurk	corner	tõotada	to pledge
number	number	kräunuda	to mew, whine

1 Kaks vana sõpra
Two old friends

By the end of this lesson you should:

- be familiar with the present tense of the verb
- know a little about the importance of consonant grades
- know something about the Estonian noun case system
- recognize the infinitive ending **-da** of the verb

Kaks vana sõpra 🔊

Tõnu is a 19-year-old Estonian boy and Piret is a girl of the same age. They have not seen each other since they left school, but one day they meet by chance on the street in Tallinn, the capital of Estonia

Tõnu:	Tere, Piret!
Piret:	Tere, Tõnu!
Tõnu:	Kuidas sa elad?
Piret:	Tänan, hästi.
Tõnu:	Kas sa oled üliõpilane?
Piret:	Jah, ma olen üliõpilane.
Tõnu:	Kus sa õpid?
Piret:	Ma õpin Tartu Ülikoolis. Kas sa töötad?
Tõnu:	Jah, ma töötan Tallinna Kaubamajas.

Tõnu:	*Hi, Piret!*
Piret:	*Hi, Tõnu!*
Tõnu:	*How are you?*
Piret:	*Well, thanks.*
Tõnu:	*Are you a student?*
Piret:	*Yes, I'm a student.*

TÕNU: *Where are you studying?*
PIRET: *I'm studying at the University of Tartu. Are you working?*
TÕNU: *Yes, I work in the Tallinn department store.*

Vocabulary

tere!	hi! good day! hello!	jah	yes
kuidas	how	mina *or* ma	I
sina *or* sa	you (*sing.*, familiar)	olen	am
elada	live	kus	where
kuidas sa elad?	how are you?	õppida	study, learn
tänada	thank	õpid	(you, *sing.*) study
tänan	thanks	Tartu, –	university town in southern Estonia
hästi	well		
kas	? (opens a yes/no question)	ülikool, -i	university
		töötada	work
oled	(you, *sing.*) are	Tallinn, -a	capital of Estonia
õpilane, -lase	student	kaubamaja, –	department store

Language points

The present tense of the verb

The present tense of the Estonian verb has the following endings:

1st person singular 'I'   **-n**
2nd person singular 'you'   **-d**
3rd person singular 'he/she/it' **-b**
1st person plural 'we'   **-me**
2nd person plural 'you'   **-te**
3rd person plural 'they'   **-vad**

Thus the conjugation of the Estonian verb **õppida** 'study, learn' looks like this (note the short and long forms of the pronouns):

mina (ma) õpin	**meie (me) õpime**
sina (sa) õpid	**teie (te) õpite**
tema (ta) õpib	**nemad (nad) õpivad**

Notice here that Estonian makes no distinction between 'he' and 'she': they are both **tema/ta**.

Consonant gradation

The difference between the **-pp-** of the infinitive **õppida** and the single **-p-** in the present tense forms is an instance of the phenomenon of *consonant gradation*, which is an integral part of Estonian grammar and applies to all declinable classes of words. There are three *grades* of consonants in Estonian, distinguished by different degrees of length (see the notes in the introductory chapter 'The Sounds of Estonian'). We shall be returning to consonant gradation again later as we meet it in various forms.

The verb olla: 'to be'

The verb 'to be' in Estonian is **olla**, and it is irregular. It conjugates like this:

mina (ma) olen	I am	**meie (me) oleme**	we are
sina (sa) oled	you are	**teie (te) olete**	you are
tema (ta) on	he/she is	**nemad (nad) on**	they are
see on	it is		

Optional pronouns

Notice that pronouns are not always used with present-tense verbs, because the endings alone indicate the person of the verb:

Kuidas elad? *or* **Kuidas sa elad?** — How are you? (*lit.*, how do you live?)

Definiteness and indefiniteness

Ma olen õpilane. — I am a student.

Notice that in this sentence there is no article corresponding to 'a' in English. The sentence could just as well mean 'I am *the* student', depending on the context. Estonian has different ways of indicating definiteness ('the') and indefiniteness ('a') than English, and these ways are built into the case system, which we shall now examine.

Noun cases

Estonian has a system of *noun cases* which largely do the work that prepositions do in English. The *nominative case*, which represents the subject of the sentence, is the basic form given in the glossaries, and it has no particular characteristic ending: **õpilane**, **ülikool**, **kaubamaja**, **Piret** and so on. Thus in the example given above, **Ma olen õpilane**, both **ma** and **õpilane** appear in the nominative case.

There are fourteen commonly used noun cases in Estonian, and we shall meet them all in the course of the lessons. For most of the cases it is necessary to add an ending to the stem of the *genitive* case, which indicates possession or belonging, roughly corresponding to 'of' in English. The *genitive* form usually ends in a vowel, and because of its importance in forming other cases, you will find the genitive form given after the nominative form for all nouns listed in the glossaries. For example, the genitive of **ülikool** is **ülikooli**, and knowing this form we can form nearly all the other cases of this noun. In the large number of cases where a noun ends in a consonant, a single vowel is added: **Tallinn** > **Tallinna**, as in the sentence

Ma töötan Tallinna Kaubamajas.   I work in the Tallinn department store.

In cases where the noun ends in a vowel, this will also be the genitive singular form, and so most other case endings will be added directly to this stem: **Tartu** > **Tartu-** for instance.

Ma õpin Tartu Ülikoolis.   I study at the University of Tartu.

When we come to study adjectives, we will see that they too can be declined; in most cases they agree in number and case with the noun they qualify. We say

Piret on noor naine.   Piret is a young woman.

but

Tõnu on noore naise sõber.   Tõnu is the young woman's friend.

The inessive case

Look at the first two examples given in the above section and you will see that in both cases the final noun ends in **-s**, added to the genitive stem. This is the characteristic ending of the *inessive case*, which roughly corresponds to 'in' or 'at' in English; it generally refers to a position 'inside' something. So we find:

nom.	**ülikool**	university
gen.	**ülikooli**	of the university
iness.	**ülikoolis**	at the university
nom.	**kaubamaja**	department store
gen.	**kaubamaja**	of the department store
iness.	**kaubamajas**	at the department store.

Exercise 1

Pronounce the following words:

tuba, seda, viga
hapu, mitu, rukis
tüüpiline, saatus, liikuda
kimpu, Tartu, hankida
õppetükk, kütta, hakkan
padi, nalja, pann
käsi, kott, sepp
sul, kuidas, Soomes
elad, veel, laeval
õnn, sõber, võõras, kõik, lõoke
küla, ülikoolis, sügisel

Exercise 2

Write the correct forms of the verb:

Mina elan Tartus.   Mina töötan kaubamajas.
Sina _____ Tartus.   Sina _____ kaubamajas.
Tema _____ Tallinnas.   Tema _____ majas (= in the house).
Meie _____ Rakveres.   Meie _____ ülikoolis.
Teie _____ Narvas.   Teie _____ koolis (= at the school).
Nemad _____ Eestis   Nemad _____ Tallinnas.
   (= in Estonia).

Exercise 3

Translate into Estonian:

1 How is Piret? 2 She is well. 3 Where does she study? 4 She studies at Tartu University. 5 Where does Tõnu work? 6 Tõnu works at the Tallinn department store.

Reading passage

Piret on noor naine, kes õpib Tartu Ülikoolis. Tartu on ülikoolilinn, mis asub Lõuna-Eestis. Tõnu on noor mees, Pireti vana sõber, kes elab ja töötab Tallinnas. Tallinn on Eesti pealinn. Pealinnas on kaubamaja, kus Tõnu töötab.

Vocabulary

noor, -e	young	Eesti, –	Estonia
naine, naise	woman	mees, mehe	man
kes	who	vana, –	old
linn, -a	town	sõber, sõbra	friend
ülikoolilinn, -a	university town	ja	and
mis	which, what	pea, –	head
asuda	be situated	pealinn, -a	capital city
lõuna, –	south		

Exercise 4

If you have the tape, listen to these questions and see if you can answer them:

1. Kes on Piret?
2. Kus ta õpib?
3. Mis on Tartu?
4. Kus see asub?
5. Kes on Tõnu?
6. Kas Tõnu on Pireti sõber?
7. Kus ta elab?
8. Kus ta töötab?
9. Kas Tallinn on Eesti pealinn?
10. Mis on pealinnas?
11. Kus Tõnu töötab?

2 Telefon

The telephone

By the end of this lesson you should be able to:
- recognize and use two more cases, the partitive and illative
- use some more interrogative words, such as 'where' and 'when'
- use and recognize the polite command or imperative form
- use the word for 'not' with verbs
- use some more greetings

Tõnu helistab Piretile

Piret's mother answers the telephone when Tõnu rings up Piret's home

EMA: Hallo!
TÕNU: Tervist. Siin räägib Tõnu Tamm. Vabandage, palun, kas Piret on kodus?
EMA: Ei ole.
TÕNU: Ega te ei tea, kus ta on?
EMA: Ta on linnas.
TÕNU: Millal ta tuleb?
EMA: Ta tuleb varsti. Helistage natukene hiljem!
TÕNU: Aitäh. Head aega!
EMA: Head aega!

MOTHER: *Hello!*
TÕNU: *Hello. This is Tõnu Tamm speaking. Excuse me, please, is Piret at home?*
MOTHER: *No, she isn't.*
TÕNU: *And you don't know where she is?*

MOTHER: *She's in town.*
TÕNU: *When is she coming (back)?*
MOTHER: *She's coming soon. Ring a little later!*
TÕNU: *Thanks. Goodbye!*
MOTHER: *Goodbye!*

Vocabulary

telefon	telephone	**ei ole**	(he/she/it) isn't
ema, –	mother	**ega**	nor, and not
hallo	hello (used only when answering telephone)	**teada**	know
		millal	when
		tulla, tulen	come
tervist	greetings, hi	**varsti**	soon
siin	here	**helistada**	ring
rääkida, räägin	speak	**natukene**	a little
vabandage	excuse (me) (polite form)	**hiljem**	later
		aitäh	thanks (less formal than **tänan**)
paluda	request, ask		
palun	please	**hea**	good
kodu, –	home	**aeg**	time
seal	there	**head aega**	goodbye
ei	not, no		

Language points

Greeting people in Estonian

There are several ways of saying 'hello' and 'goodbye' in Estonian, depending on the situation, the time of day, how well the speakers know each other, and of course whether the conversation is face to face or on the telephone. When picking up the telephone, for instance, Estonians might say **Hallo** – but they would not expect the same greeting in response, as an English speaker might give, and they would not use **Hallo** in face-to-face conversation. Instead we might find one of several greetings, depending on the circumstances, such as:

Tere! *or* **Tervist!** hello, hi (at any time of day)
Tere päevast! good day (daytime)

Tere hommikust!	good morning
Tere õhtust!	good evening

And to say goodbye, we might choose between these greetings:

Head aega!	good-bye
Head ööd!	good night
Nägemiseni!	see you later
Jumalaga!	good-bye (God be with you)

More about consonant gradation

As we saw in the pronunciation section of the introductory chapter, in Estonian both vowels and consonants can have varying degrees of length. As Estonian is written very much as it is spoken, the length is usually reflected in the spelling: **sada** 'hundred', but **saada** 'get'; **sina** 'you', but **sinna** 'there'.

As far as consonants are concerned, this phenomenon is called consonant gradation. In Lesson 1 we met the verb **õppida** 'study', which has the present tense forms:

õpin	õpime
õpid	õpite
õpib	õpivad

We noted in Lesson 1 that there are *three grades* in Estonian. We see in the example above that there is only one **-p-** in the present tense form, and yet a double **-pp-** in the infinitive. But there is another kind of distinction, between voiced and unvoiced consonants. For instance, the infinitive of the verb **rääkida** 'speak' changes in the present tense to:

räägin	räägime
räägid	räägite
räägib	räägivad

The set of consonants to which these changes apply is:

-g- -k- -kk-
-b- -p- -pp-
-d- -t- -tt-

For the present we need only note the principle of consonant gradation here; we will learn more about it as we meet more instances of it.

Irregular verbs

Some of the most common verbs in Estonian do not have the infinitive ending **-da**. We have already met a couple of them, and we will encounter a few more in this lesson. They are irregular in the sense that their present tense forms do not follow from the infinitive form, and the infinitive lacks the **-d-** in **-da** which is the ending for the vast majority of verbs:

olla	present tense	olen, oled, on ...	be
tulla	present tense	tulen, tuled, tuleb ...	come
tahta	present tense	tahan, tahad, tahab ...	want
minna	present tense	lähen, lähed, läheb ...	go
näha	present tense	näen, näed, näeb ...	see

If the verb is irregular, in the following lessons in the Vocabularies the first person singular is given.

Imperative forms

| **Vabandage!** | *Excuse* (me)! |
| **Helistage natuke hiljem!** | *Ring* a little later! |

The *imperative* or command form of the verb is very easy to form in Estonian. There are two types of imperative: singular and plural (or familiar and polite). We will discuss the singular (familiar) form later.

In this lesson we find Tõnu addressing an older person whom he has never met before – Piret's mother – so they use the polite or plural form to each other. This is formed for most verbs by replacing the **-da** of the infinitive with **-ge** or **-ke**. Thus we find **vabandage** 'excuse (me)', formed from **vabandada** 'forgive', 'excuse', and **helistage** 'ring' formed from **helistada** 'ring'.

Here are some more examples:

| **Tulge!** | Come! | **Paluge!** | Ask! |
| **Rääkige!** | Speak! | **Oodake!** | Wait! |

'Here' and 'there'

When 'here' and 'there' are used in the sense of 'in/at this or that place', the word for 'here' in Estonian is **siin**, and 'there' is **seal**:

Piret elab siin. Piret lives here.
Tõnu elab seal. Tõnu lives there.

The negative particle ei

Ta ei ole kodus. He/she isn't at home.
Te ei tea, kus ta on. You don't know where he/she is.

To make verbs negative in Estonian, we place the form **ei** before the stem of the verb. (The stem is what is left when we take away the personal endings from the present tense.) So for instance we have **mina olen** 'I am' but **mina ei ole** 'I am not'. To take the example of the verb **õppida**, we take the stem (**õpi-**) and place **ei** before it, like this:

mina (ma) ei õpi I am not studying
sina (sa) ei õpi you are not studying

But notice that there is a special word for 'and not': **ega**. The word **ei** can be repeated even when we have **ega**, resulting in a kind of double negative:

Ega te ei tea, kus ta on? And you don't know where she is?

(Notice also the comma after **tea**, unlike English usage.) What Tõnu is actually asking with this construction is 'Do you know where she is?'

It is quite easy to make sentences negative. Here are some more examples:

Mina ei räägi eesti keelt. I don't speak Estonian (= the Estonian language).
Tema ei helista hiljem. She is not ringing later.

▶▶ If you have the tape, listen to the way verbs are negated after these commands:

Tulge!	**Ma ei tule.**
Helistage!	**Ma ei helista.**
Rääkige!	**Ma ei räägi.**
Paluge!	**Ma ei palu.**
Oodake!	**Ma ei oota.** (*oodata* = wait)

The partitive case

hea aeg a/the good time

head aega! goodbye! (*lit.*: some good time!)

The partitive case is one of the most commonly used noun cases in

Estonian, and we shall have more to say about it in later lessons. Its basic meaning is 'some of', 'part of' – hence its name. It can take various endings in the singular and plural, but the most common endings for the partitive singular are **-d** and **-t**, depending on the preceding sound. There are two examples of the partitive in the conversation we have just read. When Tõnu greeted Piret's mother he wished her **tervist**, which literally means '(some) health'. **Tervis** means 'health', and we add the partitive **-t** to form the greeting.

The second example of the partitive came at the end of the conversation: **head aega**. The partitive case is one of the cases in Estonian that is used for both nouns and adjectives, so here we find **hea** 'good' + partitive **-d** and **aeg** 'time' + partitive **-a**: literally '(some) good time', another common greeting when taking leave of someone.

The partitive case has many and varied uses, so many that we will not attempt to cover them all in one lesson. Remember, though, that it is called *par*titive because it is used with nouns (almost always objects of verbs) that are perceived as *part*ial. For example, it is *always* used with the objects of verbs that are negative:

Ta ei räägi eesti keelt.   He doesn't speak Estonian. (***keel*** = language)

Ma ei palu maja.   I'm not asking for a house.

Because the partitive case is so commonly used in Estonian, and because its form cannot easily be guessed, you will find the partitive form of each noun and adjective given along with the nominative and genitive in the Glossary at the end of the book.

Exercise 1

Write out in full the present tense forms of these verbs: **paluda, teada, tulla, rääkida**.

Exercise 2

How would you say:

1 Tõnu Tamm isn't here.
2 Piret isn't in town.
3 I'm not asking (**küsida**) where she is.
4 She isn't at home either.
5 I won't come (= I'm not coming) yet, I'm coming a little later.

Exercise 3

Look up in the glossary at the end of this book the partitive forms of: **kool, Tallinn, kaubamaja, kauplus.**

Another verb for 'know' apart from **teada** (to know a fact or the existence of something) is **tunda (tunnen)** – to be acquainted with someone or something. How would you say, using the above words:
1 We don't know the school.
2 She doesn't know Tallinn.
3 I don't know the department store.
4 You (*pl.*) don't know the shop.
5 I don't know that boy.

Tõnu proovib jälle

A little later, Tõnu tries to ring Piret again. This time he has more success

EMA: Hallo!
TÕNU: Tervist. Siin räägib jälle Tõnu Tamm. Palun, kas Piret on kodus?
EMA: On küll. Ma kohe kutsun. Oodake natukene.
TÕNU: Tänan. Ma ootan.

After a moment, Piret comes to the telephone

PIRET: Hallo!
TÕNU: Tere! Siin räägib Tõnu. Kuidas sa elad?
PIRET: Aitäh, pole viga. Aga sina?
TÕNU: Tänan, hästi. Kas sa tahad täna kuhugi minna?
PIRET: Jah. Kuhu me läheme?
TÕNU: Ma mõtlen, et võib-olla läheme kinno.

MOTHER: *Hello!*
TÕNU: *Hello. This is Tõnu Tamm speaking again. Is Piret at home, please?*
MOTHER: *Yes, she is. I'll just call her. Wait a moment.*
TÕNU: *Thanks. I'll wait.*
PIRET: *Hello!*
TÕNU: *Hi! This is Tõnu speaking. How are you?*
PIRET: *Thanks, I'm all right. And you?*
TÕNU: *Fine, thanks. Do you want to go somewhere today?*

PIRET: *Yes. Where shall we go?*
TÕNU: *I thought we might go to the cinema.*

Vocabulary

jälle	again	aga	but, and
küll	indeed, yes	tahta, tahan	want
kohe	immediately, straight away	minna, lähen	go
		kuhugi	(to) somewhere
kutsuda	call, invite	täna	today
oodata	wait	kuhu	where (to)?
pole	(= ei ole) isn't, am not, aren't	mõ(t)elda, mõtlen	think
viga	fault	võib-olla	perhaps
pole viga	all right	kino, –	cinema

Language points

Suggesting

Notice how Tõnu makes his suggestion:

Kas sa tahad täna kuhugi minna?   Do you want to go somewhere today?

The question-word **kas** precedes the suggestion, and the verb **minna** (which is irregular, as we noted above) goes to the end of the sentence, as it is governed by another verb: **tahad** 'you want'. This is the usual word order for suggestions and other 'yes/no' questions of this type.

The illative case

Ma mõtlen, et võib-olla läheme kinno.   I thought ('think') we might go to the cinema.

The illative is the noun case that answers the question 'into what?' It has two forms, long and short. The short form adds **-sse** to the genitive stem, but in this lesson we will only concern ourselves with the short form. If the last consonant of the noun is short, then it is lengthened; if it is already long, then the form is the same as the genitive stem, which we will discuss in the next lesson. There are a few exceptions to this rule, but we will note them as we go along. Example:

kino	cinema	*illative*	**kinno**
kaubamaja	department store	*illative*	**kaubamajja**
linn	town *gen.* linna	*illative*	**linna**

The question-word **kuhu** 'where (to)', 'whither' is also in the illative case, as is the word **kuhugi** 'to somewhere'. But the word for '(to) home' is irregular: **koju** (**kodus** means 'at home').

Piret on kodus. Piret is at home.
Piret läheb koju. Piret is going home.

▣▣ If you have the tape, listen to these sentences and note the differences in the forms of the nouns:

Tallinnas on kino. **Me läheme kinno.**
Linnas on kaubamaja. **Me läheme kaubamajja.**
Tartu on suur linn. **Me läheme linna.**

Exercise 4

How would you say in Estonian:

1 I'm going somewhere.
2 Tõnu is going to the department store.
3 Piret is going to town.
4 They are going to the cinema.
5 We're not going anywhere. (= somewhere)
6 Perhaps I'll go home.
7 I think we might go to the town.

Exercise 5

Translate the following dialogue into Estonian:

A.: Excuse me, do you know where Tõnu is?
B.: Yes, he's coming to town soon.
A.: But don't you know where he is?
B.: No, I don't know. Perhaps he's already in town.
A.: No, I know he's not there.
B.: Perhaps he's at the department store. He's going to the department store today, I know.
A.: Thanks, I'll come (*say*: I am coming) a little later.

Exercise 6

Here are the names of some places. In each case, how would you say: 'I don't know ... (place name)' and 'We are going to ... (place name)':

1 **Tallinn** 2 **Tartu** 3 **Pärnu** 4 **Soome** (Finland) 5 **Läti** (Latvia) 6 **Leedu** (Lithuania) 7 **Niguliste kirik** (church in Tallinn) 8 **Rootsi** (Sweden) 9 **Saksamaa** (Germany)

Reading passage

Tõnu helistab ▭▭

Kui Piret on Tallinnas, elab ta oma isa ja ema juures, ja on sageli õhtuti kodus. Ka täna õhtul on ta kodus, kui Tõnu helistab. Tõnu tahab jälle Piretit näha, ja küsib, kas Piret tahab välja minna. Tõnu tahab minna kinno. Nad lähevad koos kinno.

Vocabulary

oma	(my/your/his/her ...) own	ka	also, even
		täna õhtul	this evening
isa, –	father	kui	when
ema, –	mother	Piretit	(*partitive* of **Piret**)
juures	(*postposition*) at, with, at the home of	näha, (näen)	see
		küsida	ask
sageli	often	võida	can, be able
õhtu, –	evening	välja	out
õhtuti	in the evenings	koos	together

Exercise 7 ▭▭

1 Kus Piret elab, kui ta on Tallinnas?
2 Kus ta on õhtuti?
3 Keda (= whom, partitive) tahab Tõnu näha?
4 Mida (= what, partitive) Tõnu küsib?
5 Kuhu nad lähevad?

3 Kohvikus
In a café

By the end of this lesson you should be able to:
- use and recognize several more noun cases
- use the numbers 1–10
- use the past tense of the verb 'to be'
- form compound nouns
- express the ideas of 'have' and 'must' in the present tense

Tõnu ja Piret kohvikus

Tõnu and Piret have been to the cinema and are now sitting in a Tallinn café. Tõnu orders some refreshment

TÕNU: Palun mulle üks must kohv ja üks saiake. Ja sulle, Piret?
PIRET: Mulle ka kohv, aga koorega, ja üks kreemikook.
TÕNU: Kas film oli sinu meelest huvitav?
PIRET: Jah, väga meeldiv, aga ma olin võib-olla liiga väsinud. Ma pean homme sõitma tagasi Tartusse.
TÕNU: Kas sa sõidad rongiga?
PIRET: Jah, juba kell seitse hommikul!
TÕNU: Kas see on pikk reis?
PIRET: Jah, umbes kolm tundi.

TÕNU: *A black coffee and a bun for me, please. And for you, Piret?*
PIRET: *I'll have coffee too, but with cream, and one cream cake.*
TÕNU: *Did you think the film was interesting?*
PIRET: *Yes, very nice, but perhaps I was too tired. I have to travel back to Tartu tomorrow.*
TÕNU: *Are you going by train?*
PIRET: *Yes, at seven in the morning!*

Tõnu: *Is it a long trip?*
Piret: *Yes, about three hours.*

Vocabulary

minule, mulle	for me (long and short forms)	**väga**	very
sinule, sulle	for you (*sing.*) (long and short forms)	**meeldiv, -a**	nice, pleasant
		liiga	too (much)
		väsinud	tired
must, -a	black	**pidada, pean**	have to, must
kohv, -i	coffee	**homme**	tomorrow
sai, -a	white bread	**sõita, sõidan**	travel
saiake, -se, (*part.* -st)	(small) bun	**tagasi**	back
		rong, -i	train
koor, -e	cream (from milk)	**juba**	already, as early as
üks	one	**kell, -a**	clock, o'clock
kreem, -i	cream (made from butter)	**seitse, seitsme**	seven
		hommik, -u	morning
kreemikook, -koogi	cream cake	**see, selle**	it, that
		pikk, pika	long
film, -i	film	**reis, -i**	trip, journey
sinu	your (*sing.*)	**umbes**	about, approximately
meel, -e	mind, opinion	**viis, viie**	five
sinu meelest	in your opinion	**tund, tunni**	hour
huvitav, -a	interesting		

Language points

Noun cases based on the genitive stem

The words **mulle** and **sulle** (the longer forms **minule** and **sinule** are slightly more emphatic) mean 'to/for me' and 'to/for you' respectively, and are our first encounter with the allative case, whose characteristic ending is **-le** added to the genitive stem. The genitive, or possessive, forms of the personal pronouns are:

minu	my (short form **mu**)
sinu	your (*sing.*) (short form **su**)
tema	his/her
meie	our
teie	your (*pl.*)
nende	their

You will see from this that **tema, meie** and **teie** are in fact identical to the nominative pronouns 'he/she', 'we', 'you'. There are short forms for **tema (ta), meie (me)** and **teie (te)** as well. Although there are quite a few noun cases in Estonian, the majority of them are based on the **genitive stem**. Looking back over the vocabulary for the dialogue above, for instance, we find **kreem(-i), kohv(-i), film (-i)**, but **must(-a), sai(-a)**, and **kell(-a)**, not to mention **meel(-e), koor(-e)**, and even **pikk/pika, tund/tunni** and **hommik(-u)**.

Another important thing to note about the genitive case in Estonian is that it also serves as an accusative case. There is no separate accusative or 'object' case in Estonian; instead the genitive is used when the object of the verb is perceived as 'total' rather than 'partial'. As we have already seen with the partitive case, some verbs govern the partitive when the object is seen as being partial; all other direct objects of verbs take the genitive case. Note the difference between these two sentences:

Tõnu ostab lehe.   Tõnu buys a newspaper. (a whole one)

Tõnu loeb lehte.   Tõnu reads a newspaper. (at least part of it)

The Estonian distinction between partial and total objects of verbs will come more easily with practice.

Although there are fourteen noun cases in Estonian, you will be relieved to know that the only ones that present any problems for the learner are two that we have now encountered: the genitive and the partitive. The majority of the rest are easy to use and recognize because their endings are added to the genitive stem. With this knowledge we can now go ahead and tackle some of the other cases.

The allative case

Palun mulle üks must kohv.   One black coffee for me, please.
Ja sulle?   And for you?

The words **mulle** and **sulle**, as we see above, mean 'to/for me' and 'to/for you' respectively. In the shorter forms **mulle** and **sulle** it takes an additional **l**. Further examples:

Tõnu helistab Piretile.   Tõnu rings (to) Piret.

Kas sa räägid minule?   Are you speaking to me?

Ma pean minema rongile.   I have to go to the train.

The comitative case

Mulle kohv koorega.   Coffee with cream for me.

Kas sa sõidad rongiga?   Are you travelling by train?

Another case that is formed from the genitive stem is the comitative, whose characteristic ending is always **-ga**. Its use corresponds to 'with' or 'by means of' in English. In the dialogue you will find two examples of it: **koorega (koor + e + ga)** 'with cream' and **rongiga (rong + i + ga)** 'by train'. Further examples:

Ta tuleb koju sõbraga.   He's coming home with a friend.

Ta tahab kohvi saiaga.   She wants coffee with a bun.

Me sõidame Tartusse autoga. We're travelling to Tartu by car.

Note the difference in the use of cases in these two sentences:

Kas sa räägid minule/mulle?   Will you tell me?

Kas sa räägid minuga?   Are you speaking to me?

Compound nouns

Estonian is a language that can fairly freely form single-word combinations of two or three nouns, and these compound nouns are very commonly found.

In the dialogue, Piret orders a **kreemikook**, a cream cake. Notice how the first noun in the compound appears in the genitive, **kreemi-**. This is the usual way to form compounds in Estonian. We can form more compounds from the vocabulary we have. We have in fact already met some: **pea + linn** 'head town' = 'capital city'; **kauba + maja** 'commodity house' = 'department store'. Compounds of two nouns can be formed not only with the first noun in the genitive; the first noun can also be in the nominative (as in **kuld + kett** 'gold chain'; **leht + puu** 'deciduous tree'; **keel + pill** 'string instrument'). In fact in the example **pea + linn** there is no proof that **pea** is in the genitive case; it could as well be in the nominative. More rarely, compounds are found with the first element in other cases too, such as **vette + hüpe** 'a jump into the water', where **vette** 'into the water' is in the illative case.

In pronouncing compound nouns, remember that the stress falls on the first syllable of each element. In some cases the syllable division may be between two vowels: be careful to pronounce them separately. For instance, **autoosad** 'car parts' consists of the words **auto** 'car' + **osad** 'parts', and the elements are pronounced separately, with a break between them, and the second **o** given greater stress.

The elative case

Kas film oli sinu meelest huvitav?	Was the film interesting in your opinion ('from your mind')?

Yet another Estonian case formed from the genitive stem is the elative, whose ending is **-st**. It roughly corresponds to the English prepositions 'from' or 'about' in usage. But there are many idioms in Estonian which do not correspond so readily to English prepositional use. One of them is a common expression for 'in my/your/his ... opinion' or 'I think that ...'. Here the elative is used with the word **meel** 'mind' in the genitive (almost like the English phrase 'to my mind ...': **minu/sinu meelest**, and so on, literally 'from my/your mind'.

Minu meelest oli reis pikk, ja mitte väga huvitav.	I thought the trip was long and not very interesting.
Tema meelest on kohv hea koorega.	She thinks coffee is good with cream.

Past tense of the verb

The past tense of **olla** 'to be' is conjugated like this:

m(in)a olin	I was	**m(ei)e olime**	we were
s(in)a olid	you were	**t(ei)e olite**	you were
t(em)a oli	he/she was	**n(em)ad olid**	they were
see oli	it was		

The characteristic ending for the past tense of the majority of other verbs is similar to this, but with **-s-** added to the stem of the **-da** infinitive. To take the example **lubada** 'promise' we find:

mina lubasin	I promised
sina lubasid	you promised
tema lubas	he/she promised
meie lubasime	we promised
teie lubasite	you promised
nemad lubasid	they promised

Piret helistas koju.   Piret rang home.

Ta õppis eesti keelt väga hästi.   She learned Estonian very well.

Ma lubasin varsti koju minna.   I promised to go home soon.

Film oli väga pikk.   The film was very long.

We will look at the past tense in more detail in later lessons.

The second infinitive

The infinitive of a verb is the basic uninflected form, and is the form which appears in dictionaries: 'to see', 'to hear' and so on.

Each verb in Estonian has two types of infinitive: the one ending in **-da** (as given in the glossaries) and a second one, ending in **-ma**. The **-ma** form is only used when the verb follows, or is 'governed' by, certain other verbs; for example,

Ma pean *minema*.   I have *to go*.

Compare that with this sentence:

Ma tahan *minna*.   I want *to go*.

The verb stem is not necessarily the same for both forms: for instance, in the dialogue we find **sõitma** 'to travel', although the **-da** form is **sõita**.

It might be helpful to remember that whereas **-da** means simply 'to' do something, **-ma** means something like 'in order to' do something. In other words, it is always governed by another verb that comes before it. In this case, **sõitma** is part of the phrase **ma pean sõitma** 'I have to travel'. **Pidada** is one of a range of verbs that can 'govern' other verbs in this way. A common way of saying 'I must' or 'I have to' in Estonian is **ma pean ... -ma**. Further examples are as follows.

Mina pean varsti helistama, aga sina võid helistada hiljem.   I have to ring soon, but you can ring later.

Me peame koos kinno minema.   We must go to the cinema together.

Cardinal numbers

The numbers from one to ten in Estonian can take case endings, just as adjectives can, and they are:

üks, ühe	one	**kuus, kuue**	six
kaks, kahe	two	**seitse, seitsme**	seven
kolm, kolme	three	**kaheksa, –**	eight
neli, nelja	four	**üheksa, –**	nine
viis, viie	five	**kümme, kümne**	ten

Notice that the nouns that follow them appear in the partitive singular: **viis tundi** 'five hours' (**tundi** is the partitive singular form of **tund**); **seitse linna** 'seven towns'; **kuus kooli** 'six schools'.

Exercise 1

With the aid of the glossary at the end of the book (which gives the partitive singular forms), find out how you would order:

1 two coffees and five buns
2 three coffees and two sandwiches
3 five coffees and four buns
4 nine glasses of milk
5 four cups of tea
6 three cups of black coffee
7 seven glasses of water

Exercise 2

Fill in the blanks:

Palun, _____ üks kohv koorega ja kaks saia. Ja _____, Piret? _____ ka _____, ja üks _____.
Kas film _____ huvitav?
Jah, _____ meeldiv, aga ma _____ liiga _____. Ma _____ varsti koju (= home) minema.
Kus sa _____?
Ma elan Tartus.
Kas sa _____ rongiga?
Jah.

Exercise 3

Change the following sentences, inserting the correct form of **pidada** 'have to/must'. Example:

Ma sõidan rongiga.   I travel by train.

Ma pean sõitma rongiga.   I have to travel by train.

1. Ma lähen varsti koju.
2. Oma eesti sõbraga räägid sa eesti keelt.
3. Seal on ülikool. Ma tean, kus see on.
4. Sina käid sageli meie kaubamajas.
5. Ma helistan koju, aga enne ma ootan veel natuke.
6. Meie sõbrad õpivad inglise (= English) keelt.

Exercise 4

Translate into Estonian:

1. He travels from town to town.
2. I'm coming home soon. Wait for me. ('for me' = **mind**, partitive)
3. You were there at eight o'clock. Where was she?
4. Tiina is coming to the cinema with a friend.
5. I won't come with you, I'm too tired.
6. I'll come by train, but perhaps about six o'clock is too soon.

Exercise 5

Write out what you would order if you had been in the café that Piret and Tõnu visited. (Estonian cafés don't generally have a written menu as such, so you would probably have to point and ask.) You'll find useful words in the glossary at the end of the book. Use full sentences. Example:

Palun mulle üks kohv ja üks saiake.

Piret peab minema

Soon Tõnu and Piret have finished their coffee and pastries, and Piret suddenly notices the time. They get ready to leave the café

PIRET: Kell on juba kümme! Vabanda, aga ma pean koju minema.

TÕNU: Jah, minulgi on homme pikk tööpäev. Aga ülehomme on mul vaba päev. Kas sa tunned minu venda? Tema on ka Tartu Ülikooli üliõpilane.
PIRET: Mis tema nimi on?
TÕNU: Ta nimi on Ago.
PIRET: Ei, ma ei tunne.
TÕNU: No, ma võin teda sulle tutvustada. Ta sõidab ülehomme bussiga Tartusse, ja ma lubasin temaga kaasa minna.
PIRET: *It's already ten o'clock! Sorry, but I have to go home.*
TÕNU: *Yes, I've got a long working day tomorrow too. But the day after tomorrow I have a free day. Do you know my brother? He's also a student at Tartu University.*
PIRET: *What's his name?*
TÕNU: *His name is Ago.*
PIRET: *No, I don't know him.*
TÕNU: *Well, I can introduce him to you. He's travelling to Tartu the day after tomorrow by bus, and I've promised to come with him.*

Vocabulary

vestlus, -e	conversation	**minu**	my
vabanda	sorry, excuse me (*sing.* or familiar form)	**t(em)a**	his/her
		nimi, -me	name
		no	well
koju	(to) home	**tutvustada**	introduce
minulgi on	I also have	**teda**	him/her (*part.*)
töö, –	work	**ülehomme**	the day after tomorrow
päev, -a	day	**buss, -i**	bus, coach
vaba, –	free	**lubada**	promise
tunda, tunnen	feel; know (person)	**kaasa**	together (with)
vend, venna	brother		

Language points

Apologizing

There are various ways of making an apology in Estonian, just as there are in English. But in Estonian one can also choose between the familiar (singular) and polite (plural) form:

Vabanda! (familiar) **Vabandage!** (polite) 'Excuse me!'

Or you can use the more neutral expression **Vabandust!**

Andeks or **Anna andeks** or, more politely, **Andke andeks** 'Sorry!'

The second person singular imperative

In Lesson 2 we learned the polite, plural form of the imperative mood of the noun, used in making commands. The more familiar, intimate form of the imperative is formed simply by dropping the present tense endings; it is the same as the present stem. But remember that the stem of the polite form of the imperative (Lesson 2, 'Imperative forms') is formed from the stem of the **-da** infinitive, which is not always the same. Compare these forms:

Sina		*Teie*
helista	ring	**helistage**
kutsu	invite	**kutsuge**
oota	wait	**oodake**
räägi	speak	**rääkige**
tule	come	**tulge**
vabanda	excuse (me)	**vabandage**

You will notice that the ending for the polite form is not always **-ge**; sometimes it is **-ke** instead. The ending for the polite/plural form is **-ke** when the stem of the **-da** infinitive is a 'weak grade' (see introductory notes on pronunciation) of a verb that undergoes consonant gradation – such as **oodata**. Often the preceding consonant in the stem is **b**, **d** or **g**, but not always: **hüpake** 'jump'; compare the first and second infinitives **hüpata** and **hüppama**.

The adessive case

Minul on pikk tööpäev.	I have a long working day.
Sinul on kaks venda.	You have two brothers.

The adessive case is formed simply by adding **-l** to the genitive stem. Its nearest equivalent in English is the preposition 'on' (in both the spatial and the temporal sense):

Õhtul on huvitav film.   In the evening (there) is an interesting film.

Laual on klaas vett.   On the table is a glass of water.

But it also has an important extra function:

'To have'

The usual Estonian corresponding to the English verb 'to have' is the adessive case of the word that refers to the possessor, followed by the appropriate form of the verb **olla** 'to be'. So we find:

minul on	I have	**meil on**	we have
sinul on	you have	**teil on**	you have
temal on	he/she has	**nendel on**	they have

(**Nende** is the genitive form of **nemad**.)

Temal on pikk tööpäev.   She has a long working day.

Meil oli meeldiv rongisõit.   We had an interesting train trip.

Sinul on kaks tundi aega.   You have two hours(' time).

'Also, too'

We already know that **ka** means 'also'. There is another way of expressing much the same idea in Estonian: by using the particle **-gi/-ki**. This particle can be added to virtually any word to add further emphasis: here we find it added to **minul**. **Minulgi on** thus means 'I also have'. (We could also say **minul ongi**, but that would mean 'I do have', adding emphasis to the word to which it is attached.)

The rules for whether it takes the form **-gi** or **-ki** are not the same as those for the second person singular imperative **-ge/-ke** above. It takes the form **-ki** when the letter preceding the ending is **g, b, d, k, p, t, s, h, f** or **š**; in all other cases it is **-gi**.

The long form of the illative case

Ta sõidab ülehomme Tartusse.   He's travelling to Tartu the day after tomorrow.

The long form of the illative case (see Lesson 2) is **-sse** added to the genitive stem. It has very restricted use, however. There are not very many words where both variants are in use. These are mainly place-names, such as **Pärnusse/Pärnu**, **Tartusse/Tartu** and some other words. Not all words even have two possible forms. Longer words (generally two or more syllables in the stem) tend to have only the longer form. Shorter words may have either long or short or both forms. Sometimes both are possible, but usually one is preferred over the other in practice.

Exercise 6

Translate into Estonian:

1 I lived in Rakvere.
2 She rang Pärnu.
3 The boy waited a long time.
4 The film was nice, and very interesting too.
5 The journey was long, about seven hours.
6 I travelled by bus from Tallinn to Kohtla-Järve.
7 Did you think the coffee was good?

Exercise 7

Answer these questions:

1 Kas Tõnu tellib (= orders) kohvi Piretilegi?
2 Kas Piret joob (= drinks) kohvi koorega?
3 Kas film oli Pireti meelest meeldiv?
4 Kuhu peab Piret homme sõitma?
5 Kas Piret sõidab bussiga?
6 Kas Tõnul on ülehomme tööpäev või (= or) vaba päev?
7 Kas Piret teab Tõnu venna nime?
8 Ja mis ta venna nimi on?
9 Kas ta vendki sõidab Tartusse?
10 Kas ta sõidab rongiga või bussiga?

Reading passage

Tõnu ja Piret kohvikus

Tõnu ja Piret on tükk aega (= a while, 'a bit of time') filmist rääkinud. Pireti meelest oli film väga meeldiv ja Tõnugi mõtleb, et oli väga hea film. Aga kell on juba kümme ja Piret peab homme sõitma tagasi Tartusse. Võib-olla näeb Tõnu Piretit jälle. Tõnu vend on ka Tartu Ülikooli üliõpilane, ja ta sõidab ülehomme koos vennaga Tartusse.

Language in use

Using the glossary at the end of the book, find out what would be the compound nouns meaning:

1 passenger train ('trip' + 'train')
2 morning coffee
3 clock time
4 peace of mind
5 bus station

4 Tartus
In Tartu

By the end of this lesson you should be familiar with:

- clock times
- cardinal numbers above 10
- the genitive plural form of the noun
- some basic adverbs
- how to say 'up to' and 'until'
- some prepositions and postpositions

Piret saab tuttavaks Agoga

Piret has agreed to meet Tõnu and his brother Ago at Tartu bus station. The two boys step off the bus

TÕNU: Tere, Piret! Küll on tore, et sa mul Tartuski vastas oled.
PIRET: Tere. Kuidas sõit läks?
TÕNU: Tänan, hästi, kuigi me tõusime juba kolmveerand seitse, ja hommikusöök oli pool kaheksa. Aga siin on minu vend Ago. Saage tuttavaks.
AGO: Tervist, Piret!
PIRET: Tervist, Ago. Millal te sõitma hakkasite?
AGO: Buss läks täpselt kell kaheksa.
PIRET: Siis sõitsite te küll kiiresti, kell on ju alles viie minuti pärast üksteist.

TÕNU: *Hi, Piret! It certainly is nice that you're here to meet me in Tartu too.*
PIRET: *Hi. How did the trip go?*
TÕNU: *Well, thanks, though we did get up at a quarter to seven, and breakfast was at half-past seven. But this is my brother Ago. May I introduce you?*

AGO: *Hello, Piret!*
PIRET: *Hello, Ago. When did you set off?*
AGO: *The bus left at exactly eight o'clock.*
PIRET: *So you got here quite quickly; it's only five to eleven.*

Vocabulary

mul	(= minul) 'on me'	**tuttav, -a**	acquaintance
tore, -da	fine, splendid	**hakata, hakkan**	start, begin
vastas	awaiting, there to meet	**täpselt**	exactly
		siis	so, then
sõit, -du	trip	**kiiresti**	quickly
kuigi	although	**ju**	after all
tõusta, tõusen	rise, get up	**alles**	only, just, not until
kolmveerand	three-quarters, a quarter to	**minut, -i**	minute
söök, söögi	meal	**pärast**	after, past; (also) 'to' in clock times
hommikusöök, söögi	breakfast		
pool, -e	half	**üksteist**	eleven
saada, saan	get, become		

Language points

A note about word order

Estonian word order is freer than English, as you will see from phrases like **et sa mul Tartuski vastas oled**, where the verb is placed at the end. Tõnu could just as well have said **et sa oled mul Tartuski vastas**. The first variant is stylistically better. Do not worry unduly about word order at this stage; just remember that it is more flexible than English word order.

More about the past tense

In the previous lesson we looked at how the past tense of **olla** and of most regular verbs is formed. If the stem of the verb ends in **-s**, it is not necessary to repeat this **s** in the past tense. **Tõusta** 'rise, get up', for instance, is conjugated like this in the present and past tenses:

mina	tõusen	tõusin
sina	tõused	tõusid
tema	tõuseb	tõusis
meie	tõuseme	tõusime
teie	tõusete	tõusite
nemad	tõusevad	tõusid

We have already seen that **minna** 'go' is irregular in the present tense, based on the stem **lähe-**. It is also irregular in the past:

mina läksin	I went	**meie läksime**	we went
sina läksid	you went	**teie läksite**	you went
tema läks	he/she went	**nemad läksid**	they went

Introductions

When Estonians introduce each other they generally say **Saage tuttavaks**, literally 'Get acquainted'. In a formal setting, the reply might be something like **Väga rõõmustav** or **Väga meeldiv** 'Very delighted' or 'Very pleased'.

More about clock times

We already know how to express clock times when they express full hours: **kell viis, kell seitse** and so on. Let us look now at how to express fractions of the hour. The fractions are expressed as part of the next hour, thus:

veerand kuus	a quarter past five (*lit.*, a quarter of six)
pool kaheksa	half past seven (*lit.*, half-eight)
kolmveerand üks	a quarter to one (*lit.*, three-quarters of one)

Minutes past the hour can be expressed in two ways: as simply 'hours and minutes' or with **läbi** 'past'. Thus 4.10 can be **kümme minutit neli läbi** or **neli ja kümme minutit**.

But after the half hour, a different expression is used; here we find **pärast**, which literally means 'after', but in clock times actually means 'short of': the minutes appear in the genitive. 4.58 **kahe minuti pärast viis** 'after two minutes [it will be] five'; 6.52 **kaheksa minuti pärast seitse**. 'What time?' is **mis kell?** 'What's the time?' is **Mis kell on?**

Cardinal numbers 11–20 and beyond

The numbers from 11 to 19 are formed by adding **-teist** to the cardinal number:

11 **üksteist**
12 **kaksteist**
13 **kolmteist**
14 **neliteist** . . . and so on, up to 20, which is **kakskümmend**. The other multiples of ten are formed in the same way: **kolmkümmend, nelikümmend, viiskümmend** and so on.
21 **kakskümmend üks**
37 **kolmkümmend seitse**
48 **nelikümmend kaheksa** and so on

(One) hundred is **(üks)sada**. Numbers above a hundred are constructed along the same lines, with the major elements written separately: 758 is **seitsesada viiskümmend kaheksa**.
(One) thousand is **tuhat**.

Adverbs

Adverbs, the words that are used to describe and qualify the actions or states indicated by verbs, can be divided in Estonian, as they can in English, into two broad types: (1) adverbs that are based on adjectives ('quick*ly*', or in Estonian **kiire*sti***) and (2) adverbs that are not based on adjectives ('now', or in Estonian **nüüd**). Many adverbs in Estonian that are formed from adjectives tend to end in **-sti** or **-lt** – but note that the stem of the adverb is the genitive stem of the adjective:

täpne 'exact' (gen. **täpse-**) **täpselt** 'exactly'
kiire 'fast' (gen. **kiire-**) **kiiresti** 'quickly'

(The adverb **varsti**, 'soon', which we have already met, is actually a contraction of **vara-** 'early' + **-sti**.)

Exercise 1

Answer the question **Mis kell on?**

1 9.00
2 1.10
3 12.25
4 7.13
5 5.28
6 6.30
7 8.45
8 12.11

Exercise 2

Write out these numbers in words:

1 16
2 84
3 973
4 233
5 1814
6 1992

Exercise 3

Answer the following questions, giving the time in words:

1 Mis kell te hommikul tõusete? (7.25)
2 Mis kell te kooli/tööle lähete? (8.15)
3 Mis kell teie kool/töö algab (= begins)? (9.00)
4 Mis kell on lõuna (= lunch)? (1.00)
5 Mis kell teie kool/töö lõpeb? (= ends)? (4.30)
6 Mis kell te koju tulete? (5.20)
7 Mis kell te magama (= to sleep) lähete? (11.00)

Piret, Tõnu ja Ago vaatavad Tartut

The three companions go out into the streets of Tartu

PIRET: Ma pean varsti ülikooli minema, sest mul on seal loeng, mis algab kell kaksteist. Aga mis teil nüüd plaanis on?

AGO: Mul on veel mitu vaba tundi. Ma jään Tõnuga linna, sest ta tahab linnas veidi ringi vaadata.

TÕNU: Jah, me vaatame umbes poolteist tundi linnas ringi, siis sööme lõunat, ja pärast seda on kuni õhtuni (= until the evening) vaba aeg.

PIRET: Mul lõpeb loeng alles kell kolm. Ma ootan teid siis kell veerand neli ülikooli peahoone ees.

TÕNU: See on tore; ma tahangi su käest nii palju kuulda, ja muidugi ka ise oma esimestest muljetest jutustada.

PIRET: *I have to go to the university soon, because I have a lecture there, which starts at twelve o'clock. But what plans do you have?*

AGO: *I still have a few hours free. I'll stay with Tõnu in town, because he wants to look around the town a bit.*

TÕNU: *Yes, we'll look at the town for about an hour and a half,*

> then we'll have lunch, and after that there's still free time until the evening.

PIRET: My lecture doesn't end until three o'clock. I'll wait for you, then, at a quarter past three in front of the main building.

TÕNU: That's great; I do want to ask you so many things, and of course to chat about my first impressions.

Vocabulary

sest	because	lõppeda, lõpen	end
loeng, -u	lecture	peahoone, –	main building
mis, mille	what, which	hoone, –	building
alata, algan	begin	ees	in front of (postposition)
nüüd	now		
plaan, -i	plan	su (= sinu) käest	from you (*postp.*; *lit.* 'from your hand')
mitu	several, many (+ *part. sing.*)		
jääda	stay (+ *ill.*)	nii	so
vaadata	look at	palju	much
veidi	a little, a bit	kuulda	hear
ringi	around	muidugi	of course
poolteist	one and a half	esimene, -mese	first
süüa, söön	eat	jutustada	tell
lõuna, –	lunch		

Language points

The genitive plural

minu esimene mulje	my first impression
minu esimesed muljed	my first impressions
minu esimese mulje	of my first impression
minu esimeste muljete	of my first impressions

Look at the differences in the Estonian phrases given above. The genitive plural can take several forms, one of the most common of which is **-te**. If the genitive singular of a word ends in **-se** (such as **õpilane** > **õpilase**), then its plural ending will be **-ste**. And the other cases that are based on the genitive will be formed on the same pattern: **-stel** for the adessive, **-stest** for the elative, **-stesse** for the (long) illative, and so on. Thus we find Tõnu using the phrase **oma esimestest muljetest** 'about my first impressions'. (Note that **oma** 'my/your/his/her . . . own', like the other possessive pronouns, does not take endings.)

Further examples:

Piret räägib oma loengutest.   Piret speaks about her lectures.

Ago tahab jutustada oma plaanidest.   Ago wants to talk about his plans.

The terminative case

Õhtuni on veel aega.   There is still time until the evening.

Yet another of the cases whose ending is based on the genitive stem is the terminative, so-called because it carries the meaning 'up to' or 'until' some point in time or space. Its ending is always **-ni**:

õhtuni   till the evening
linnani   as far as the town
kella kaheni   until two o'clock (Notice in this last example the genitive form **kella**; words that qualify other words that are in the terminative case take the genitive.)

Meie töötame õhtuni.   We work until the evening.

Meie sõitsime järgmise linnani.   We drove as far as the next town.

Ta oli ülikoolis hilisööni.   She was at the university until late at night.

There is also a separate preposition or conjunction meaning 'until': **kuni**, which can be used either preceding noun phrases with **-ni** like the examples above, or to introduce a clause:

Meie töötame kuni õhtuni.   We work until the evening.

Meie töötame kuni teie tulete.   We (shall) work until you come.

Prepositions and postpositions

You cannot have failed to notice by now that Estonian has many noun cases! There are fourteen in all, and we have now covered most of them. You will also have noticed that they do the work that prepositions do in English and many other Indo-European languages. But Estonian does also have its own prepositions, of which we have met two so far: **pärast** 'after', and now **kuni** 'until'. By far the majority of these separate words indicating relations in time and space are postpositions, however; that is, they come after the noun to which they refer (and whose case they govern). Most postpositions refer to very concrete, specific positions in space, and govern the genitive case:

Ma ootan teid peahoone *ees*. I'll wait for you *in front of* the main building.

Ma tahan sinu *käest* nii palju küsida. I want to ask (*from*) you (about) so much.

Ta tahab vaadata veidi linnas *ringi*. He wants to look *around* the town a bit.

Strictly speaking, **ringi** is an adverb rather than a postposition.

Exercise 4

Answer these questions:

1 Kuhu Piret peab minema?
2 Mida Ago ja Tõnu tahavad näha?
3 Millal lõpeb Pireti loeng?
4 Kus ta on lubanud oodata Ago ja Tõnut?
5 Kui kaua Ago ja Tõnu vaatavad Tartus ringi?

Exercise 5

How would you say in Estonian:

1 I am going as far as the university.
2 Toomas is waiting in front of the department store.
3 Ago wants to look around the town.
4 Can I ask you about the university?
5 I was travelling until 9.30.
6 The train was travelling as far as Tartu.
7 Look! They went as far as the main building!

8 Their friend was there[-]to[-]meet[-]them. [one word!]
9 Their friends were waiting until half past three.

Reading passage

Ago ja Tõnu Tartus 🔘🔘

Kui Ago ja Tõnu buss tuli Tartusse, oli Piret juba vastas. Kuigi nad tõusid juba kolmveerand seitse hommikul, läks sõit väga hästi. Siis tutvustas ta Piretile oma venda Agot. Pärast seda läksid nad välja ja vaatasid veidi Tartus ringi. Aga siis pidi Piret ülikooli minema, ja ta lubas oodata Agot ja Tõnut peahoone ees kell veerand neli.

Language in action

The Old Town of Tallinn

A stranger comes up to you in the middle of Raekoja Plats (Town Hall Square) in the Old Town of Tallinn. Looking at the map below and using the vocabulary you know, attempt to answer his questions. (You might find some helpful vocabulary in the glossaries at the end of the book.)

1 Kus on Lühike Jalg?
2 Kus on Oleviste kirik?
3 Kus on Toompea loss?
4 Kus on Niguliste kirik?
5 Kus on Kiek in de Kök?

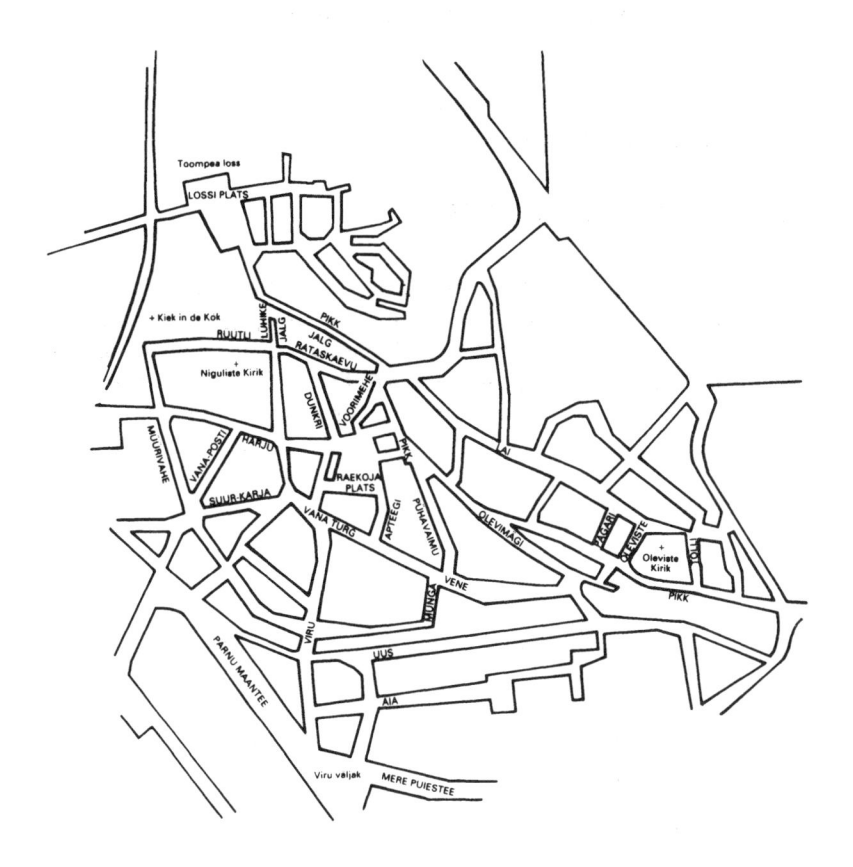

Tallinn Bay

You are sailing in a boat in Tallinn Bay, and are situated just off the top end of Paljassaare poolsaar (peninsula). Describe in Estonian, using the words you know for expressing direction, how to get to:

1 Pirita
2 Tallinn-Muuga sadam (port)
3 Kopli laht
4 Mõigu
5 Naissaar

50

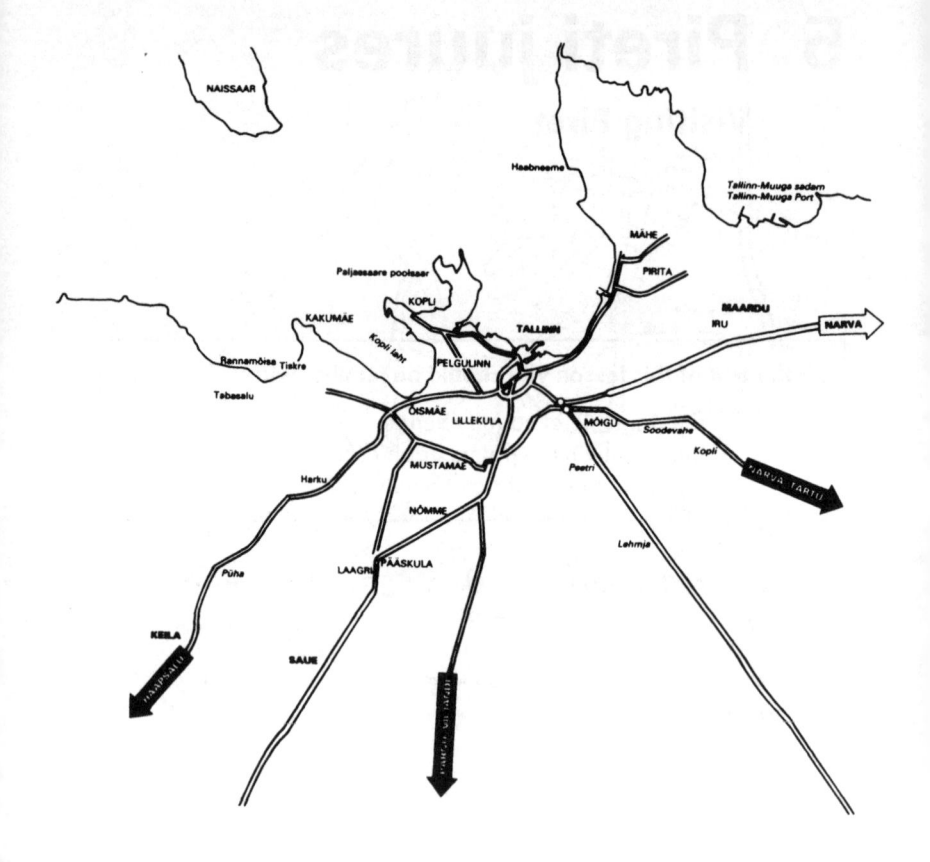

5 Pireti juures
Visiting Piret

By the end of this lesson you should be familiar with:
- the principle of sound change
- the negative imperative ('don't!')
- the case agreement of adjectives and nouns

Tõnu ja Ago saabuvad

That evening, Piret invites Tõnu and Ago to visit her relatives, the Saar family, with whom she is lodging. Tõnu and Ago arrive to find the whole family at home. Piret meets them at the door

PIRET: Tere õhtust! Astuge sisse ja saage minu sugulastega tuttavaks. See on Jaan Saar, minu onu. Terve pere on täna õhtul kodus.
TÕNU: Kus nad on?
PIRET: Nad istuvad elutoas ja puhkavad. Onu Jaan istub tugitoolis ja loeb ajalehte. Minu tädi istub teisel toolil ja loeb raamatut.

PIRET: *Good evening! Step inside and get to know the family. This is Jaan Saar, my uncle. The whole family is at home this evening.*
TÕNU: *Where are they?*
PIRET: *They're sitting in the living-room and relaxing. Uncle Jaan is sitting in an armchair reading the paper. My aunt is sitting in another chair reading a book.*

Vocabulary

tere õhtust	good evening	puhata, puhkan	rest, relax
astuda	step	tugi, toe	support
sisse	inside	tool, -i	chair
sugulane, -lase	relative	tugitool, -i	armchair
onu, –	uncle	lugeda, loen	read
terve, –	whole	aeg, aja	time
pere, –	family (also perekond, -konna)	leht, lehe	leaf, (news)paper
		ajaleht, -lehe	newspaper
istuda	sit	tädi, –	aunt
elu, –	life, living	teine, -se	(an)other, second
tuba, toa	room	raamat, -u	book
elutuba, -toa	living-room		

Language points

Changes of vowel in the verb and noun stem

There is a small range of irregular verbs in Estonian which change their stem vowel in the present tense. We encountered one of them in the last lesson: **süüa** 'eat', which changes to **söö-** in the present. Likewise **lugeda** changes its vowel and loses its **-g-** in the present: **loen, loed, loeb** and so on. Look out for these changes in a few more verbs which we have yet to meet, such as **tuua (toon)** 'bring', **juua (joon)** 'drink' and several others.

Likewise a few nouns have a different vowel in the genitive stem from the nominative form. One of these is **tuba** 'room', which not only loses its **-b-** but changes its vowel in the genitive stem: **toa**. There are others, such as **rida (rea)** 'line, row', **viga (vea)** 'fault' and so on.

Other sound changes

You may have spotted some other sound changes in the vocabulary that are worth noting, as they occur elsewhere too:

-nd- > -nn-	perekond/perekonna	family (another term for **pere**)
-l- > -lg-	alata/algan	begin
-h- > -hk-	puhata/puhkan	rest
-ne- > -se-	teine/teise	another
-ht- > -h-	leht/lehe	newspaper

Remember that Estonian is spoken as it is written, so these changes apply to both speech and writing.

Exercise 1

Answer these questions:
1 Kas tädi loeb ajalehte?
2 Kas onu loeb raamatut?
3 Kus onu istub?
4 Kes (= who) tuleb külla (= visiting)?
5 Kas pere on täna õhtul kodus?

Kohtamine Saare perekonnaga

They step into the living-room and Piret introduces them

PIRET: Saage tuttavaks! Minu onu Jaan, siin on mu vana sõber Tõnu ja tema vend Ago. Nad tulid täna Tallinnast.
JAAN: Väga rõõmustav.
PIRET: Ja mu tädi Leida.
TÕNU: Tere õhtust!
LEIDA: Tere tulemast meie koju. Kas olete juba söönud?
AGO: Tänan, oleme küll. Ärge meie pärast muretsege!
LEIDA: Istuge. Saage tuttavaks meie kahe lapsega: Mari, kes istub ja vaatab televiisorit, ja väike Toomas, kes ei ole veel läinud magama.
PIRET: Mida sina teed, Toomas?
TOOMAS: Istun põrandal ja mängin autoga.

PIRET: *Let me introduce you. My uncle Jaan, this is my old friend Tõnu and his brother Ago. They came from Tallinn today.*
JAAN: *Pleased to meet you.*
PIRET: *And my aunt Leida.*
TÕNU: *Good evening!*
LEIDA: *Welcome to our home. Have you already eaten?*
AGO: *Thanks, we have. Don't worry about us!*
LEIDA: *Sit down. May I introduce our two children: Mari, who is sitting and watching television, and little Toomas, who hasn't gone to bed yet.*
PIRET: *What are you doing, Toomas?*
TOOMAS: *I'm sitting on the floor playing with a car.*

Vocabulary

vana, –	old	kes, kelle	who
sõber, sõbra	friend	vaadata, vaatan	watch
rõõmustav, -a	delightful, pleasing	televiisor, -i	television
väga rõõmustav	pleased to meet you (quite formal)	väike(ne), väik(e)se	little
tere tulemast	welcome	magada	sleep
ärge	don't (*pl.*)	teha, teen	do, make
muretseda	worry, care	põrand, -a	floor
pärast	behalf, sake (*postf.*)	mängida	play
laps, -e (*part. last*)	child	auto, –	car

Language points

The negative imperative

Ärge meie pärast muretsege! Don't worry about us!

'Don't' is expressed in Estonian in two different forms, like the positive imperative: singular and plural. The singular form is **ära**; the plural is **ärge**. Thus 'don't worry' is **ära muretse** in the singular (familiar) and **ärge muretsege** in the plural (formal); the verb forms remain the same as in the positive imperative. More examples:

Ära astu sisse!/Ärge astuge sisse!	Don't step inside!
Ära mine/Ärge minge!	Don't go!
Ära oota/Ärge oodake maja ees!	Don't wait in front of the house!

Case agreement in the declension of adjectives

Saage tuttavaks meie kahe lapsega! May I introduce our two children!

Some noun cases do not apply to adjectives, which remain in the genitive (stem) form. One of these is the comitative (**-ga**), which we met in Lesson 3: **kahe hea lapsega** 'with two good children' has the case ending only on the noun.

Ta sõitis hilise rongiga.	He travelled by the late train.
Ma räägin vana sõbraga.	I'm talking with an old friend.

The partitive of mis

Mida sina teed?	What are you doing?

The partitive of **mis** 'what' is **mida**. As you can see from the above example, it is also used to refer to the object of the verb, whenever the verb has an object. Remember that Estonian does not have a separate accusative (object) case.

Mida meie temast teame?	What do we know about him?
Mida sina loed?	What are you reading?
Mida sina vaatad televiisorist?	What are you watching on television?

Exercise 2

Translate into Estonian:

1 This is my old friend Toomas, who came today.
2 Are you already reading my book?
3 Haven't you gone to bed yet, little man?
4 Who is sitting and watching television?
5 Welcome to our home!

Exercise 3

Give both the singular and plural forms for:

1 Don't come too early!
2 Don't get up tomorrow morning!
3 Don't step inside!
4 Don't read my paper!
5 Don't sit there! Sit here with the two good children!
6 Don't travel to Tartu with Ago! Stay in Tallinn!

Reading passage

Piret kutsub Tõnu ja Ago sugulaste juurde 🔊

Piret on täna kutsunud kaks oma sõpra sugulaste juurde. Ta elab onu ja tädi juures. Sugulased istuvad ja loevad, aga väike poiss Toomas mängib põrandal autoga ja tütar Mari vaatab televiisorit. Perekonna elutuba on suur. Siin on kaks tugitooli, televiisor, kolm tooli ja laud. Laual on kaks raamatut ja lamp. Toal on üks uks ja kaks akent. Üks aken on kinni ja teine aken on lahti. Uks on ka lahti. Seinal on kaks suurt pilti.

Vocabulary

juurde	to (the home of)	**uks, -e**	door
poiss, poisi	boy	**aken, akna**	window
tütar, tütre	daughter	**kinni**	closed
suur, -e	big	**lahti**	open
laud, laua	table	**sein, -a**	wall
lamp, lambi	lamp	**pilt, pildi**	picture

Language in use

Using the vocabulary above and in the list below, describe your own living-room and other rooms where you live.

esik, -u	entrance-hall	**korter, -i**	flat, apartment
kabinet, -i	study	**vann, -i**	bath
töötuba, -toa	work-room	**vannituba, -toa**	bathroom
mugav, -a	comfortable	**kapp, kapi**	cupboard
magamistuba, -toa	bedroom	**vaip, vaiba**	carpet
voodi, –	bed		

Revision: Lessons 1–5

Consult the Glossary at the back of the book if you need any vocabulary.

Exercise 1

Translate these questions into Estonian and answer them, first positively, then negatively. Example:
   Are you a student? **Kas sa oled õpilane? (Jah,) olen küll/Ei ole.**
1 Have you been here long (already)?
2 Is your friend here too?
3 Have you (pl.) already eaten?
4 Has she shown you the city?
5 Do you know Tartu?
6 Is there a department store here?
7 Are you at home today?

Exercise 2

Put the verbs in brackets into their present tense forms:
1 Kuhu teie (minna)?
2 Mu lapsed (käia) juba koolis.
3 Mulle (meeldida) väga talv.
4 Kas te (elada) nüüd Tallinnas?
5 Me (võida) minna kohvikusse, kui te (soovida).
6 Ma (tunda) seda õpilast.
7 Kas te (kirjutada) oma sõbrale?

Exercise 3

Fill in the blanks with the appropriate personal pronouns:
1 Kas _____ käid juba koolis?
2 _____ elame praegu Tartus.
3 _____ lähen linna vaatama.
4 _____ sõidame homme maale.
5 Kas _____ armastavad seesugust ilma?
6 _____ külastame teda homme.
7 _____ olin siis veel poiss.

Exercise 4

Make these sentences negative:
1 Me peame täna ülikooli minema.

2 Me elame Tallinnas.
3 Mu vanem tütar käib lasteaias.
4 Ma armastan teda.
5 Me tunneme linna ümbrust hästi.
6 Tädi tuleb meile jaama vastu.
7 Ta külastab meid homme.

Exercise 5

Put the nouns in parentheses into appropriate cases:

1 (Tädi) perekond külastab mind sel nädalal.
2 (Vend) maja asub kesklinnas.
3 Kas (Tartu) on sageli seesugused ilmad?
4 Kui kaugel see (Tallinn) on?
5 Tema perekond elab (Itaalia).
6 Rong sõidab (Itaalia).
7 Me tulime (kohvik) kaks (tund) tagasi.

6 Nädala päevad

Days of the week

By the end of this lesson you should be familiar with:
- the nominative plural
- the comparative form of the adjective ('more', 'bigger', etc.)
- the days of the week

Pireti nädal

Piret's week

Kui Piret elab Saare pere pool Tartus on tal tihe nädal. Nii Saare isa kui ka ema käivad iga päev tööl, sellepärast kannab Piret laste eest hoolt kui vaja. Muidugi peab ta ka loengutel käima, ja nii ei ole kerge nädalat planeerida.
Mari käib iga päev koolis ja nende väike poeg Toomas lasteaias. Praegu istub Piret kirjutuslaua taga ja loeb raamatut. Tõnu ja Ago on linnas. Täna õhtul tahavad nad minna kontserdile. Kirjutuslaual on kalender. Piret vaatab kalendrisse. Mis päev on täna? Täna on esmaspäev. Täna õhtul ta ei ole vaba. Ta peab koju jääma. Homme on teisipäev. Teisipäeviti on tal vaba päev. Siis ta ei lähe ülikooli. Teisipäeva õhtul tulevad laste vanemad vara koju. Ülehomme on kolmapäev, ja kolmapäeval on Piret kogu päeva ülikoolis. Aga kolmapäeva hommikul sõidavad Tõnu ja Ago tagasi Tallinna. Siis tulevad neljapäev, reede ja laupäev, siis on Piretil jälle kiire. Reedel peab ta raamatukokku minema. Võib-olla on pühapäev natuke lahedam.
(From now on no English translations will be provided.)

Vocabulary

pool	with (*postp.*)	taga	behind (*postp.*)
sageli	often	kontsert, -di	concert
tihe, -da	tight, busy	koos	together, as well
nädal, -a	week	kalender, kalendri	calendar
nii ... kui ka	both ... and, as well as	esmaspäev, -a	Monday
		teisipäev, -a	Tuesday
käia	go, visit, attend	teisipäeviti	on Tuesdays
iga, –	each, every	üldse	at all
sellepärast	therefore	öö, –	night
kanda, kannan	carry, bear	öösel	at night
hool, -e	care	vara	early
eest	for (*postp.*)	ülehomme	the day after tomorrow
vaja	necessary		
ikka	always	kolmapäev, -a	Wednesday
kerge, –	easy	kogu, –	whole, entire
planeerida	plan	neljapäev, -a	Thursday
poeg, poja	son	reede, –	Friday
aed, aia	garden	laupäev, -a	Saturday
lasteaed, -aia	day nursery	kiire, –	hurry, quick
praegu	now, at the moment	raamatukogu, –	library
kirjutada	write	pühapäev, -a	Sunday
kirjutuslaud, -laua	desk, writing-table	lahe, -da	easy, relaxed, loose

Language points

The nominative plural

Õhtul tulevad laste vanemad koju. In the evening the children's parents come home.

The nominative plural of nouns is used for the plural subjects of verbs in a sentence, and is formed simply by adding **-d** to the genitive singular stem. For example:

tool	*gen.* **tooli**	*nom. pl.* **toolid**	chairs
laud	*gen.* **laua**	*nom. pl.* **lauad**	tables
raamat	*gen.* **raamatu**	*nom. pl.* **raamatud**	books
laps	*gen.* **lapse**	*nom. pl.* **lapsed**	children

| vanem | gen. vanema | nom. pl. vanemad | parents |
| õpilane | gen. õpilase | nom. pl. õpilased | students |

The comparative form of the adjective

Pühapäev on natuke lahedam.   Sunday is a little easier.

Comparison of adjectives is also based on the genitive stem. The comparative form, corresponding to 'more' or '-er' in English, is formed by adding **-m** to the genitive stem:

noor	gen. noore	comp. noorem	gen. noorema	younger
suur	gen. suure	comp. suurem	gen. suurema	bigger
väike	gen. väikese	comp. väiksem	gen. väiksema	smaller
lahe	gen. laheda	comp. lahedam	gen. lahedama	calmer

But some adjectives (not all) ending in **-a** change this **-a** to **-e** in the comparative:

| vana | gen. vana | comp. vanem | gen. vanema | older |
| pikk | gen. pika | comp. pikem | gen. pikema | longer |

'Than' in comparisons is expressed by the word **kui**. Examples:

Mu poeg on noorem kui mu tütar.	My son is younger than my daughter.
Tartusse on pikem reis kui Pärnusse.	It's a longer trip to Tartu than to Pärnu.
Minu isa on vanem kui sinu isa.	My father is older than your father.

Exercise 1

Fill in the missing half of this telephone conversation.

A.: _____
B.: Kas Peeter kuuleb? (= Is that Peeter?)
A.: _____
B.: Onu Jaak on siin. Tere.
A.: _____
B.: Kas isa on kodus?
A.: _____
B.: Millal ta tagasi tuleb?

A.: _____
B.: Palun, kutsu ema.
A.: _____
B.: Millal ta koju tuleb?
A.: _____
B.: Aga Alliki ja Reet? Kas nemad on kodus?
A.: _____
B.: Sa oled siis üksi (= alone) kodus?
A.: _____
B.: Mida sa õhtul teed?
A.: _____
B.: Millal kontsert on?
A.: _____
B.: Hea küll (= all right). Ma helistan homme. Nägemiseni (= goodbye).
A.: _____

Exercise 2

Answer these questions:

Mis päev täna on? Täna on _____
Mis päev homme on? Homme on _____
Mis päev ülehomme on? Ülehomme on _____
Mis päev oli eile (= yesterday)? Eile oli _____
Mis päev oli üleeile? Üleeile oli _____

Exercise 3

Answer the following questions:

1 Kas teil on reedel vaba päev?
2 Kas te käite kolmapäeviti tööl?
3 Kas te olete neljapäeva õhtul vaba?
4 Kas te olete ülehomme vaba?
5 Mida te teete esmaspäeval?
6 Mida te teete homme?
7 Mida te teete teisipäeva õhtul?
8 Millal te puhkate?
9 Millal te töötate?
10 Millal te õpite eesti keelt? (= Estonian)
11 Millal teil on vaba päev?
12 Mitu (= how many) päeva on nädalas?

Exercise 4

What are the plural (nominative) forms of these nouns:

töö			kool
raamat			lasteaed
raamatukogu		tütar
kino			tütarlaps

Exercise 5

Translate into Estonian:

1 My uncle is still young, but my aunt is younger.
2 Is she your elder daughter?
3 Our school is a little bigger than your school.
4 I don't have a smaller sister.
5 You have a bigger garden than we do.
6 The day before yesterday (use adjectival form, **üleeilne**) the film was even (= **veel**) longer!
7 With every day the lectures are a little easier.

Reading passage

Mari ja Tiiu lähevad esmaspäeva õhtul teatrisse. Doktor Mets on pühapäeval valves. Jaan ja Siiri lähevad reedel kinno. Õpetaja Lukk läheb järgmisel nädalal puhkusele. Härra Kivimäe läheb neljapäeval komandeeringusse.

Vocabulary

teater, teatri	theatre	**puhkus, -e**	holiday
valve, –	watch, guard (here: duty)	**härra, –**	Mr
õpetaja, –	teacher	**komandeering, -u**	business trip
järgmine	next		

Language in use

Below is a typical Estonian class timetable. With the help of the extra vocabulary at the end, see how much of it you can understand.

TUNNIPLANN			
	8.15–8.55	9.05–9.55	9.55–10.35
Esmaspäev	Matemaatika	Ajalugu	Matemaatika
Teisipäev	Kehaline kasvatus	Keemia	Keemia
Kolmapäev	Kirjandus	Matemaatika	Vene keel
Neljapäev	Vene keel	Matemaatika	Füüsika
Reede	Keemia	Füüsika	Inglise keel

	10.35–11.00 Söögivahetund		
	11.00–11.40	11.50–12.30	12.40–13.20
Esmaspäev	Inglise keel	Füüsika	Kirjandus
Teisipäev	Kirjandus	Eesti keel	Füüsika
Kolmapäev	Laulmine	Inglise keel	Füüsika
Neljapäev	Matemaatika	Ajalugu	Füüsika
Reede	Matemaatika	Kunstiõpetus	Joonestamine

	13.30–14.10	14.20–15.00
Esmaspäev	Arvutiõpetus	
Teisipäev	Ajalugu	Klassijuhatajatund
Kolmapäev	Eesti keel	
Neljapäev	Kehaline kasvatus	
Reede	Kodukujundus	

Vocabulary

ajalugu, -loo	history	**keha, –**	body
arvuti, –	computer	**kehaline, -lise**	physical
füüsika, –	physics	**kirjandus, -duse**	literature
inglise	English	**klass, -i**	class
joonestada	draw	**kujundus, -e**	shaping, management
joonestamine, -mise	drawing	**kunst, -i**	art
juhataja, –	teacher, master, mistress	**laulda, laulan**	sing
		laulmine, -mise	singing
kasvatus, -e	education, training	**matemaatika, –**	mathematics
keel, -e	language	**vahetund, -tunni**	interval, break
keemia, –	chemistry	**vene**	Russian

7 Sünnipäev

A birthday

By the end of this lesson you should:

- be familiar with partitive forms of pronouns
- be able to express prices of goods
- be able to read and understand a train timetable

Küllakutse

Tõnu invites Piret to his birthday party back in Tallinn

Tõnu: Piret, kas sa oled pühapäeva õhtul vaba?
Piret: Olen küll.
Tõnu: Palun tule minu poole. Mul on pühapäeval sünnipäev.
Piret: Aitäh. Tänan kutsumast. Mis kell ma tulen?
Tõnu: Tule kell kuus. Kas see sobib sulle?
Piret: Sobib küll. Aga ma ei tea, kus sa elad.
Tõnu: Ma elan Narva maanteel, maja number 156, korter 15.
Piret: Oota, ma kirjutan üles. Narva maantee 156, korter 15. Kuidas ma sinu juurde sõidan?
Tõnu: Sõida trammiga number 3 Kadrioru peatuseni.
Piret: Veelkord suur aitäh. Ma tulen kindlasti.
Tõnu: Hästi, ma ootan sind.

Vocabulary

sünnipäev, -a	birthday	**maa, –**	land
sobida	suit, fit	**tee, –**	road
Narva, –	town in north-east Estonia	**maantee, –**	highway
		korter, -ri	flat

kirjutada üles	write down	**kord**	once
tramm, -i	tram	**veelkord**	once more
peatus, -e	stop	**kindel, kindla**	sure, certain
veel	still, yet	**kindlasti**	surely, certainly
Kadriorg, -oru	park in Tallinn		

Language points

The partitive forms of the pronouns

Ma ootan sind.   I'll wait for you.

We encountered the partitive case of nouns in Lesson 2. The word **sind** in this sentence is the partitive form of the pronoun **sina** 'you'. It appears in the partitive case here because the verb **oodata** 'wait (for)' requires that case, as to many other verbs. The partitive forms of all the personal pronouns are:

mind	me	**meid**	us
sind	you	**teid**	you
teda	him/her	**neid**	them
seda	it		

To express the idea of someone or something 'not being present', we use these partitive forms with the negative verb particle **ei**:

Teda ei ole praegu.   She's not here/there just now.

Mind homme ei ole, mul on vaba päev.   I won't be here tomorrow, I have the day off.

Estonian has no future tense, and usually the present is used to express the future.

Exercise 1

How would you say in Estonian:

1 I waited for you until half past eight.
2 She went as far as the bus stop.
3 Are you (pl.) waiting for me?
4 Did you (sing.) expect me at a quarter to four?
5 Yes, and I waited for you until a quarter past four.
6 You can wait for me, but I won't be here.
7 I'm not expecting her, and she isn't here either.

Piret läheb kauplustesse

Piret goes shopping for the Saar family. She has a long shopping list

MÜÜJA: Järgmine, palun. Mida teile?
PIRET: Palun üks leib, kaks liitrit piima ja kolmsada grammi juustu.
MÜÜJA: Kas see on kõik?
PIRET: Ei ole. Palun veel üks purk hapukoort ja üks pakk võid.
MÜÜJA: Ja veel?
PIRET: Kui palju õunad maksavad?
MÜÜJA: Viisteist krooni kilo.
PIRET: Kas need on head õunad?
MÜÜJA: On küll, väga värsked.
PIRET: Palun andke mulle kaks kilo. Kui palju see teeb?
MÜÜJA: Kolmkümmend kaks krooni ja kümme senti.
PIRET: Palun, siin on kolmkümmend viis krooni.
MÜÜJA: Olge lahke, kaks krooni ja üheksakümmend senti tagasi.

Vocabulary

müüja, -	shop assistant	**kui**	(here:) how
leib, leiva	bread	**kui palju**	how much
liiter, -tri	litre	**maksta**	pay, cost
piim, -a	milk	**õun, -a**	apple
kolmsada	300	**kroon, -i**	crown (major unit of Estonian currency)
gramm, -i	gramme		
juust, -u	cheese		
kõik, kõige	all, everything	**kilo, -**	kilogram
purk, purgi	jar, pot, can	**need, nende**	these, those
hapu, -	sour, acid (as in Estonian delicacies)	**värske, -**	fresh
		anda	give
		sent, sendi (*part.* **senti**)	cent (minor unit of Estonian currency)
hapukoor, -e	sour cream		
pakk, paki	packet		
või, -	butter	**lahke**	kind
midagi	something, anything	**olge lahke**	please; here you are; be so kind

> **Currency**
>
> Since 1992 Estonia has had its own currency, the **kroon**, which is divided into 100 **senti**. The **sent** denominations are coins, while the **kroon** denominations are banknotes. This was also Estonia's currency during its period of independence from 1918 to 1940. During Soviet times, of course, and up to 1992, the rouble and kopek were the units of currency. Prices written in figures are expressed with a dot between the **kroon** and the **sent** amounts: 5.85 = 5 (**krooni**) 85 (**senti**).

Exercise 2

Here is some extra food shopping vocabulary:

kala, –	fish	**sibul, -a**	onion
tükk, tüki	item, piece, apiece, each	**porgand, -i**	carrot
kurk, kurgi	cucumber	**kartul, -i**	potato

Answer these questions:

1 Kala maksab 5.50 krooni kilo. Kui palju maksab kolm kilo kala?
2 Või maksab 3 krooni pakk (200 grammi). Kui palju maksab neli pakki võid?
3 Sai maksab seitsekümmend senti. Kui palju maksab kuus saia?
4 Piim maksab 3.50 krooni liiter. Kui palju maksab viis liitrit piima?
5 Kurgid maksavad seitseteist krooni kilo. Kui palju maksab pool kilo kurke?
6 Sibulad maksavad kaksteist krooni kilo. Kui palju maksab poolteist kilo sibulaid?
7 Porgandid maksavad üheksa krooni kilo. Kui palju maksab pool kilo porgandeid?
8 Kartulid maksavad kaheksa krooni kilo. Kui palju maksab kaks kilo kartuleid?

Tõnu sünnipäev

Piret arrives at Tõnu's address in Tallinn and knocks on the door. He opens it

TÕNU: Tere, Piret, tere tulemast minu koju! Sa oled ju mu esimene külaline. Muud külalised ei ole veel tulnud.
PIRET: No, milline uhke korter sul on! Siin võib väga suure sünnipäevapeo pidada!
TÕNU: Jah, mul on ruumikas korter, aga mööblit pole piisavalt. Nagu näed, on mul vaja veel mõnda tooli ja suuremat lauda. Mu vanemad lubasid mind mööbli ostmisel aidata. Aga Piret, sul on veel mantel seljas! Võta mantel maha, ja ma panen selle riidepuule.

The doorbell rings again. Tõnu opens it to greet his friends Riho and Helvi

HELVI: Palju õnne, Tõnu, sünnipäevaks!
RIHO: Tõime sulle ka väikese kingi.
HELVI: Ja palun, lilled sulle!
TÕNU: Oh, tänan väga. Aga Piret, siin on mu vanad sõbrad Riho ja Helvi. Saage tuttavaks.
PIRET: Tere, Riho! Tere, Helvi!
TÕNU: Astuge edasi elutuppa ja istume siia väikese laua ümber. Kas mahume kõik ära? Mida te juua tahate? Kas veini, õlut või mahla?
PIRET: Veini, et juua sünnipäevalapse terviseks!

Vocabulary

tere tulemast	welcome	**riidepuu, –**	coat-hanger
külaline, -lise	guest	**õnn, -e**	happiness, luck
uhke, –	splendid, proud	**kink, -gi**	(= **kingitus**) gift
pidu, peo	party, feast, festivity	**vein, -i**	wine
		õlu, –	beer
ruumikas, -ka	roomy, spacious	**mahl, -a**	juice
mööbel, mööbli	furniture	**et**	in order to
mantel, -tli	coat	**tervis, -e**	health

Reading passage

Below is a train timetable from the town of Valga, in southern Estonia, on the Latvian border, on the main Tallinn – Riga – Minsk railway line. Try reading the timetable aloud or writing out the numbers and times of the trains in full. Then answer the Estonian questions below.

REISIRONGIDE SÕIDUPLAAN			
Rongi nr.	Marsruut	Saabumine	Väljumine
609	Valga – Riia		19.20
10	Tallinn – Minsk	11.05	11.50
11	Minsk – Tallinn	18.50	19.36
100	Tallinn – Riia	4.18	5.03
101	Riia – Tallinn	3.02	3.47
190	Valga – Petseri		6.45
291	Petseri – Valga	7.25	
604	Riia – Valga	10.50	
603	Valga – Riia		12.14
608	Riia – Valga	18.39	
281	Valga – Tartu		5.20
280	Tartu – Valga	9.42	
291	Valga – Tartu		7.35
292	Tartu – Valga	16.13	
293	Valga – Tartu		14.45
294	Tartu – Valga	19.35	
283	Valga – Tartu		20.05
286	Tartu – Valga	22.47	
294	Valga – Petseri		12.10
291	Petseri – Valga	19.11	
390	Valga – Petseri		17.30
293	Petseri – Valga	14.31	

Vocabulary

sõit, sõidu	journey	seisuaeg, -aja	stopping time
reisirong, -i	passenger train	marsruut, -ruudi	route
saabuda	arrive	nr.	= number
saabumine, -mise	arrival	Riia, –	Riga (capital of Latvia)
väljuda	depart		
väljumine, -mise	departure	hilineda	be late
seista	stand	kaua	long (time)
seisma jääda	stop	kuni	until (followed by a clause)
seis, -u	standing, position, stopping	jätkuda	continue

Exercise 3

1 Mitu rongi väljub Valgast Riiga?
2 Millal saabub rong Minskist?
3 Mis on selle rongi number, mis väljub Valgast Tartusse kakskümmend minutit viis läbi?
4 Kui ma hilinen Petseri rongile, mis väljub kümme minutit kaksteist läbi, kui kaua pean ma siis ootama järgmise rongi saabumist?
5 Kui pikk seisuaeg on rongil, mis tuleb Tallinnast ja läheb edasi Riiga?
6 Ma tulen Valga jaama kell kümme. Kui kaua pean ma ootama, kuni väljub järgmine rong Riiga?
7 Ja mis on selle rongi number?
8 Millal väljub päeva viimane rong Tallinna?

8 Riided
Clothing

By the end of this lesson you should:

- be familiar with the ablative case and the differences between the so-called 'local' cases
- know the months of the year
- know how to form the subjunctive/conditional mood of the verb
- recognize the comparative form of the adverb

Vestlus riietest

Leida Saar needs Piret's help today with the housework. When Piret gets up, Leida has already been up for a while

PIRET: Sa oled juba nii vara üleval?
LEIDA: Jah, ma tõusin kolmveerand tundi tagasi. Ma pean täna riideid pesema. Mul on puhas pesu peaaegu otsas. Kas sa võiksid mind pesu pesemisel aidata?
PIRET: Jah, heameelega.
LEIDA: Siin on viis särki, neli alussärki, viis paari sokke ja umbes kümme taskurätikut! Kas sul on ka midagi pesta anda?
PIRET: Mul praegu musta pesu ei ole. Aga mu kleit on õmblusest pisut lahti.
LEIDA: Kas sa ise oskad õmmelda?
PIRET: Jah, aga mul ei ole masinat. Võib-olla ma viin kleidi hiljem õmblusateljeesse.
LEIDA: Mu mehe halli ülikonda on ka tarvis puhastada. Kui me linna läheme, siis ma võtan selle ka kaasa. Tal on seda juba ülehomseks vaja.

Vocabulary

üleval	up	rätik, -u	kerchief
pesta	wash	taskurätik, -u	handkerchief
täna	today	must, -a	black; dirty
meie	our	kleit, kleidi	dress
riie, -de	garment, fabric	õmblus, -e	sewing; seam
mu= minu	my	pisut	slightly, a little
puhas, puhta	clean	lahti	loose, torn, unstuck
pesu, –	linen, underwear; washing, laundry	ise, enda	(my-/your-/her-/him-...) self
peaaegu	almost		
ots, -a	end	osata, oskan	know how, be able to
otsas	at an end, used up, finished	õmmelda, õmblen	sew
aidata	help		
heameelega	willingly (hea + meele + ga)	masin, -a	machine
		viia	carry, take
särk, särgi	shirt	ateljee, –	studio; workshop
alus, -e	ground, base, foundation	hall, -i	grey
		ülikond, -konna	suit
alussärk, -särgi	vest, undershirt	tarvis	necessary, in need of
paar, -i	pair	puhastada	clean
sokk, soki	sock	kaasa	(along) with
tasku, –	pocket	vaja	necessary, needed

Language points

Gerunds

We saw in the train timetable at the end of the previous lesson the words **saabumine** 'arrival' and **väljumine** 'departure'. These are *gerunds* or noun forms derived from the **-ma** stems of the verbs **saabuda** 'arrive' and **väljuda** 'depart' respectively. In the dialogue above we see that these forms ending in **-mine** can be declined like any other similar noun: **pesta** 'wash' > **pesemine, pesemise-** 'washing'.

The translative case

Tal on seda juba ülehomseks He needs it for the day after
vaja. tomorrow.

(*Lit.* 'on him is already for the-day-after-tomorrow need'.)

The translative case has the characteristic ending **-ks** added to the genitive stem. As its name implies, it is used to indicate a change of state:

Pesu on saanud mustaks. The linen has got dirty.

Mu riided hakkavad vanaks My clothes are getting old.
jääma.

Ta õpib õpetajaks. She is studying to become a teacher.

But the translative case can also be used with time expressions to indicate 'for' or 'to' or 'by' some occasion or time: in time phrases it can denote the end-point or the duration. For example, when Piret visits Tõnu on his birthday she might wish him **Palju õnne sünnipäevaks** 'much happiness for (your) birthday'. In the dialogue above, Leida said **Tal on vaja seda ülehomseks** 'He needs it for the day after tomorrow'.

Läheme üheks nädalaks. We'll go for a week.

But: **Läheme järgmise*l* nädala*l*.** We'll go next week.

Ma jään ööseks siia. I'm staying here for the night.

Note the translative form of **öö**, and that **jääda** takes the illative case.

Palun saage tuttavaks. 'May I introduce...'

(*Lit.*, please become acquaintances.)

Exercise 1

Substitute the phrases below for the one in the model:
Ta läheb **järgmiseks neljapäevaks** Tallinna.
How would you say 'He is going to Tallinn'

1 for three months
2 for one day

3 for a couple of hours
4 for half a year
5 for a long time

Exercise 2

Minu poeg tahab saada poemüüjaks. My son wants to become a shop assistant.

Using the following additional vocabulary, substitute 'your son' in the following jobs:

1 õpetaja, – (teacher)
2 autojuht, -juhi (driver)
3 arst, -i (doctor)
4 eraettevõtja, or: ärimees, -mehe – (businessman)
5 kohtunik, -u (judge)

Exercise 3

Nad tulevad laupäevaks meile.
How would you say 'They are coming to our place'

1 for the summer (suvi, -ve)
2 for the school vacation (koolivaheaeg, -aja)
3 by Sunday
4 for a moment (hetk, -e)
5 for six hours
6 for seventeen weeks

Exercise 4

Minu mehel on ülikonda vaja *reedeks*.
How would you say 'My husband needs the suit'

1 for the winter (talv, -e)
2 by Saturday
3 by today (täna, *gen.* -se)
4 by tomorrow
5 by next year

Pesumajas 🔊

Later, Leida and Piret go to town. Piret offers to take the clothes to be mended while Leida is shopping

PIRET: Ma võin ise riided pesumajja viia, aga palun, ütle mulle, kus see pesumaja on.
LEIDA: Mine otse ja pööra teisest risttänavast, Aia tänavast, vasakule. Pesumaja on nurga pealt kolmas maja.

Piret finds a dry cleaner's shop and goes in. She speaks to the assistant

PIRET: Palun, kas siin on keemilise puhastuse vastuvõtt? Mul on üks ülikond. Millal ma võin selle kätte saada?
VASTUVÕTJA: Kolme päeva pärast.
PIRET: Kas ei oleks võimalik seda varem kätte saada? Mu onul on seda ülehomseks vaja.
VASTUVÕTJA: Hea küll. Tulge siis homme kell viis. Kella viieks on ta valmis.

Vocabulary

viia	carry	maja, –	house, building
ütelda/öelda,		keemiline, -lise	chemical
ütlen	say, tell	puhastus, -e	cleaning
pesumaja	laundry (establishment)	vastuvõtt, -võtu	reception, acceptance
otse	straight, direct	vastuvõtja, –	receptionist,
edasi	ahead, forward		attendant
pöörata	turn	käsi, käe	hand
rist, -i	across	kätte (ill. of käsi)	
tänav, -a	street	saada	get hold of, take into (one's) hands
vasak, -u	left		
nurk, nurga	corner		
pealt	from (*postp.* with *gen.*)	võimalik	possible
		valmis	ready
kolmas, -manda	third		

Language points

The ablative case

Pesumaja on nurga pealt kolmas maja.   The laundry is the third building from the corner.

The ablative case carries the basic meaning 'from' and has the characteristic ending **-lt**. Although both the elative and the ablative occasionally correspond to the English preposition 'from', the fundamental difference between them is that the elative (**-st**) implies coming 'out of' an interior, whereas the ablative (**-lt**) refers to contact with a surface or place. Noun cases that refer to physical positions in space we call 'local' cases. The concepts of what are called the 'inner' and 'outer' local cases are perhaps difficult to visualize, and they do not correspond to prepositional use in English, but it will help if we group the six 'local' cases together, now that we have encountered them all:

Illative -*sse* 'into'   *Allative* -*le* 'to'
Inessive -*s*   'in'   *Adessive* -*l*   'on'
Elative   -*st*   'out of'   *Ablative* -*lt* 'from'

Again it must be stressed that the English prepositions are not equivalents at all, but only a very rough guide to their meaning. Proper use of the local cases can only come with practice. For instance, in the dialogue above, where Leida was explaining to Piret how to find the laundry, she told her to turn left (**vasakule**, allative) at the second cross street (**teisest risttänavast**, elative), but that the shop was in the third building 'from' the corner (**nurga pealt**, genetive with a postposition).

But these cases need not always refer only to spatial position. The ablative case is used when something comes 'from' a person: **Terviseid härra Valgrelt!** 'Greetings from Mr Valgre!'

Ordinal numbers

The ordinal numbers from 1 to 10 are:

esimene, esimese	first	**kuues, kuuenda**	sixth
teine, teise	second	**seitsmes, seitsmenda**	seventh
kolmas, kolmanda	third	**kaheksas, kaheksanda**	eighth
neljas, neljanda	fourth	**üheksas, üheksanda**	ninth
viies, viienda	fifth	**kümnes, kümnenda**	tenth

The subjunctive/conditional

Kas ei *oleks* võimalik teda varem kätte saada? *Wouldn't* it be possible to collect it earlier?

The marker of the subjunctive or conditional mood of the verb in Estonian is **-ks**. This is added to the present tense stem whenever a hypothetical state or action is implied, as we use 'would' in English. In fact it is more commonly used in Estonian than we use 'would' in English. And whereas in some languages there is a distinction between the subjunctive (used in main clauses with 'would' in English) and the conditional (used in 'if' clauses) there is no such distinction in Estonian.

The personal endings are otherwise much like the present tense ones: **-ksin, -ksid, -ks, -ksime, -ksite, -ksid**. The personal endings are often omitted in colloquial speech; **-ks** can be heard for all persons.

See oleks võimalik. It would be possible.

Ma tahaksin ka tulla. I would like to come too.

Sooviksin osta uut televiisorit. I would like to buy a new television set.

Tahaksin oma tütrele head haridust. I would like a good education for my daughter.

It is also used in conditional clauses when **kui** means 'if':

Me õpiksime inglise keelt, kui see oleks võimalik. We would learn English if it were possible.

Sa sõidaksid Eestisse, kui sul oleks raha. You would travel to Estonia if you had the money.

The comparative form of the adverb

Kas ma võiksin teda varem kätte saada? Could I collect it earlier?

The comparative form of the adverb ends, like the comparative adjective, in **-(e)m**: **varem** 'earlier', **hiljem** 'later'. On the other hand, we use the adverb ending **-alt** in cases like **odavamalt** 'more cheaply', **mugavamalt** 'more comfortably' and so on.

Suuremas kaubamajas võiksid sa seda kindlasti odavamalt osta. In a bigger store you could certainly buy it more cheaply.

Months of the year (*Aasta kuud*)

The names of the months are:

jaanuar	**veebruar**	**märts**	**aprill**
mai	**juuni**	**juuli**	**august**
september	**oktoober**	**november**	**detsember**

The word **kuu** 'month' is sometimes found added to the genitive forms of their names, like this:

jaanuarikuu	**veebruarikuu**	**märtsikuu**	**aprillikuu**
maikuu	**juunikuu**	**juulikuu**	**augustikuu**
septembrikuu	**oktoobrikuu**	**novembrikuu**	**detsembrikuu**

'In' a month is expressed with the inessive case: **detsembri(kuu)s** 'in December'. But dates are expressed with the adessive: **kolmandal detsembril** 'on third December'.

Exercise 5

1 Mis kuupäev (date) on täna?
2 Mis kuupäev oli eile (yesterday)?
3 Mis kuupäev on homme?
4 Mis kuupäev oli üleeile (the day before yesterday)?
5 Mis kuupäev on ülehomme?

Exercise 6

Put these sentences into (a) the past tense and (b) the subjunctive/conditional mood:

1 Ma käin linnas ringi.
2 Ma annan talle särgi.
3 Ma tõusen juba kell kuus.
4 Me tahame koju minna.
5 Kas te sõidate linna?
6 Tema pesu saab mustaks.
7 Sa maksad talle liiga palju.
8 Ma tunnen seda meest hästi.

Reading passage

Piret läks koos Leidaga linna, sest neil oli riideid, mida oli vaja puhastada lasta. Sel ajal kui Leida käis kaubamajas, läks Piret pesumajja. Keemilises puhastuses ütles ta, et tema onul on ülikond, mida on vaja puhastada ja pressida. Tal endal oli kleit, mille õmblus oli pisut lahti. Ta viis selle kleidi õmblusateljeesse.

Language in use

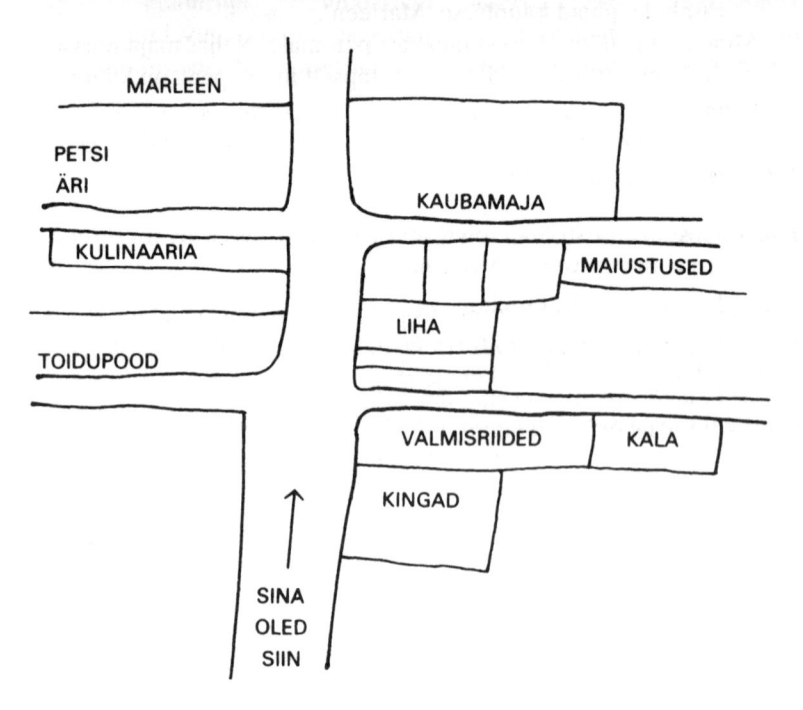

```
        MARLEEN
PETSI
ÄRI
                    KAUBAMAJA
 KULINAARIA
                              MAIUSTUSED
                    LIHA
TOIDUPOOD

              VALMISRIIDED   KALA
         ↑    KINGAD

         SINA
         OLED
         SIIN
```

Vocabulary

parem, parema	right (side)	risttee, –	cross-road
ümber		pealt (*postp.*)	(starting) from
(*prep.* + *gen.*)	around	keerata	turn
valmisriided	ready-made clothes	kulinaaria	culinary shop
		pöörata	turn around
kõrval (*postp.*)	beside	maiustused	sweets

A 1 Sinust paremale jääb kingapood.
   2 Kingapoest edasi ümber nurga on valmisriiete kauplus.
   3 Selle kõrval on kalapood.
B 1 Mine otse edasi, üle risttee, ja nurga pealt kolmas maja on lihapood.
   2 Üle tänava, lihapoe vastas, on toidupood.
C 1 Mine otse, siis keera teisel teeristil vasakule ja kohe nurga peal on kulinaaria.
   2 Sellest üle tee on Petsi äri.
   3 Petsi ärist väljudes keera vasakule ja ristteel veelkord vasakule, jõuad kauplusse 'Marleen'.
D Mine otse ja pööra teisest tänavast paremale. Neljas maja nurga pealt on maiustustepood. Üle tee, täpselt nurga peal, on kaubamaja.

Exercise 7

You are lost in an Estonian town, and you ask a passer-by for directions. This is the answer that you hear:

Kõigepealt lähete selle kirikuni, siis pöörate paremale ja lähete otse kuni valgusfoorini (**valgusfoor** traffic lights), sealt pöörate vasakule ja kohe oletegi suure kolmekordse maja ees.

What did the passer-by tell you to do? You can work it out with the help of the glossary at the end of the book.

9 Piret ostab riideid
Piret buys clothes

By the end of this lesson you should:
- know the past active participle ('I have spoken')
- know the superlative form of the adjective
- know how to form the genitive plural of nouns
- distinguish between the first and second verb infinitives

Piret läheb ostma riideid

Piret goes shopping for clothes

Piretil ei ole Tartus nii palju riideid kui kodus Tallinnas. Sellepärast on ta otsustanud minna riideid ostma. Ta püüab alati riietuda vastavalt olukorrale. Kui ta talvel välja läheb, paneb ta selga talvemantli, pähe paneb mütsi, kaela salli, jalga talvesaapad ja kätte soojad kindad.

Kui ilmad soojemaks lähevad, piisab kevadmantlist või jakist. Tema ülikoolikaaslased käivad riides üsna lihtsalt. Tüdrukutel on seljas kas pluusid ja seelikud või kleidid, poistel püksid, särgid ja kampsunid.

Vocabulary

otsustada	decide	vastav	corresponding
osta	buy	vastavalt	correspondingly, accordingly
alati	always		
püüda, püüan	try	olukord, -korra	situation, condition
riietuda	dress (oneself)		
vastata	answer, correspond	panna, panen	put

selg, selja	back	ilm, -a	weather
panna selga		minna, lähen	get, become
(*ill.* of selg)	put on (of clothes)	piisata	suffice, be
mantel, -tli	coat		enough (+ *elat.*)
panna pähe		kevad, -e	spring
(*ill.*of pea)	put on (of head-gear)	jakk, jaki	jacket
		kaaslane, -lase	companion, mate
müts, -i	cap, hat	üsna	fairly, quite
kael, -a	neck	lihtne, -sa	simple
sall, -i	scarf	kas ... või	either ... or
jalg, jala	foot, leg	pluus, -i	blouse
saabas, saapa	boot	seelik, -u	skirt
soe, sooja	warm	püksid, pükste	trousers
kinnas, kinda	glove, mitten	kampsun, -i	cardigan

Language points

The past participle

Ta on otsustanud minna riideid ostma.   She's decided to go and buy some clothes.

Whereas in English we say 'I have spoken', 'you have waited', 'he has invited', in Estonian we use the present tense of the verb 'to be' and the past participle **-nud** added to the stem of the **-da** infinitive:

mina olen rääkinud   I have spoken
sina oled oodanud   you have waited
tema on kutsunud   he has invited

Likewise:

Piret on otsustanud   Piret has decided
tema on ostnud   s/he has bought
meie oleme tulnud   we have come

Note also that in the last two examples (**ostnud, tulnud**) there is no intervening vowel before the ending **-nud**.

The seasons

The names of the four seasons (**aastaajad**) are: **talv** (winter), **kevad** (spring), **suvi** (summer), **sügis** (autumn).

More about the second infinitive: -ma

In Lesson 3 we were introduced to what we called the 'second infinitive' of the verb, with the characteristic ending **-ma**. We discussed it in connection with the auxiliary verb **pidada** 'to have to', which always governs it. But other verbs can also govern the 'second infinitive'. The ending **-ma** carries a meaning roughly similar to '(in order) to' + infinitive in English, in cases where it is governed by verbs expressing movement (**minna, tulla, jääda, sõita, reisida** and so on) and tends to come at the end of the clause, after its object. For example, in the passage above, we read:

| **ta on otsustanud minna riideid ostma** | she's decided to go and buy some clothes |

Note how the verb **ostma** comes after its object, **riideid**.

Many verbs govern other verbs which take the **-ma** ending. The common one which we have already encountered is **pidada** in the sense of 'have to':

| **Ta peab püüdma.** | S/he has to try. |
| **Me peame minema nüüd.** | We have to go now. |

Other common verbs that govern **-ma** are **hakata** 'begin, start' and **panna** 'put' (in the sense of 'force/make'):

| **Hakkan laulma.** | I('ll) start to sing. |
| **Ta paneb mind õppima.** | She makes me learn. |

Other verbs that govern others ending in **-ma** do so in a sense much closer to the English 'in order to':

| **Ta läks riideid ostma.** | S/he went (in order) to buy some clothes. |

More about the genitive plural: cases based on it

We learned the genitive (or possessive) singular form of the noun in our very first lesson, and in Lesson 4 we saw that the characteristic ending of the genitive plural of nouns is **-te** or **-de**, usually added to the genitive singular stem:

plaan	plan *gen. sing.*	**plaani** *gen. pl.*	**plaanide**
poiss	boy	**poisi**	**poiste**
tüdruk	girl	**tüdruku**	**tüdrukute**

The same applies in general to adjectives:

suur, suure, suurte big
pikk, pika, pikkade long
vana, vana, vanade old

Those other cases which derive from the genitive stem behave similarly in the plural:

See on tüdrukute kool.	This is the girls' school.
Tüdrukutel on kool.	The girls have a school.
Vanade linnade kauplused on meeldivad.	The shops of old towns are pleasant.
Vanades linnades on meeldivad kauplused.	There are pleasant shops in old towns.

Reading passage 🔊

Mõnikord riietub Piret natuke pidulikumalt: ta paneb selga näiteks kostüümi. Tal on kombeks öelda, et ta nõrkuseks on kingad. Neid on Piretil küll palju rohkem, kui tarvis oleks. Tal on vist kümmekond paari. Aga missugusest kangast riided talle kõige rohkem meeldivad, sõltub olukorrast. Kui võimalik, eelistab ta puuvillaseid ja villaseid kangaid.

Vocabulary

mõnikord	sometimes	**rohkem**	more (*comp.* of **palju**)
pidu, peo	feast, festivity		
pidulik, -u	solemn, festive, formal	**kui**	(also:) than
		vist	probably, maybe
näide, näite	example, instance		(**mul on vist** = I must have)
näiteks	for example	**kümmekond**	about ten, ten or so
kostüüm, -i	tailor-made suit, dress	**missugune, -guse**	what kind of
komme, kombe	habit, custom	**kangas, -ga**	cloth, fabric
king, -a	shoe	**meeldida**	please, appeal to
nõrk, nõrga	weak	**sõltuda**	depend
nõrkus, -e	weakness	**olukord, -korra**	situation

eelistada	prefer, favour	**puuvill, -a**	cotton
puu, –	tree	**villane, -lase**	woollen
vill, -a	wool		

The superlative form of the adjective

Missugune kangas on kõige soojem? Which fabric is warmest?

The superlative form of the adjective is formed simply by adding **kõige** before the comparative form:

palju	much, many	**rohkem**	more	**kõige rohkem**	most
suur	big	**suurem**	bigger	**kõige suurem**	biggest
vana	old	**vanem**	older	**kõige vanem**	oldest
ilus	beautiful	**ilusam**	more beautiful	**kõige ilusam**	most beautiful
hea	good	**parem**	better	**kõige parem**	best

Lea on kõige ilusam tüdruk. Lea is the most beautiful girl.

Villane on kõige soojem kangas. Wool is the warmest fabric.

Tallinn on Eesti kõige suurem linn. Tallinn is the biggest town in Estonia.

Mart on kõige parem poiss. Mart is the best boy.

For some adjectives a separate form without **kõige**, ending in **-im**, can be used optionally:

Mart on parim poiss, keda ma tean. Mart is the best boy I know.

Adjectives ending in -ne

We have already met a number of adjectives ending in **-ne** (*gen.* **-se**), such as **esimene** 'first', **järgmine** 'next'. Many adjectives can be formed from nouns using the same ending: **talv** 'winter', **talvine** 'winter' (adjective); **puu** 'tree', 'wood', **puine** 'wooden', 'stiff'; **vill** 'wool', **villane** 'woollen'.

Mulle meeldib talvine linn. I like the town in winter.

Villane kangas on soe. Woollen fabric is warm.

Exercise 1

How would you say in Estonian:

1 The blouse has got dirty. (using **saada**, past part. **saanud**)
2 I have been watching television.
3 Those three children have been playing a long time now.
4 She has decided to go home.
5 We have bought many more shoes than we need.
6 My clothes have always depended on the weather.

Exercise 2

Insert the correct comparative or superlative forms of the adjective:

1 Päevad on juba palju [pikk] ja ööd palju [soe] kui mõni nädal tagasi.
2 Ma ei oska sulle öelda, milline on Eesti [suur] linn.
3 Nüüd on sügis, ja Leida paneb selga [palju] sooje riideid kui suvel.
4 Milline aastaaeg on sinu meelest [ilus]?
5 Missugused riided on [hea], kleidid või pluusid ja seelikud?

Exercise 3

Here is a table of pronouns in the three essential forms, nominative, genitive, and partitive. On this basis you can work out the pronoun forms in all cases. Choose from among them the correct forms to insert in the sentences below.

Nominative	Genitive	Partitive
mis what, which	**mille**	**mida**
kes who	**kelle**	**keda**
see it, this	**selle**	**seda**
mina	**minu**	**mind**
sina	**sinu**	**sind**
tema	**tema**	**teda**
meie	**meie**	**meid**
teie	**teie**	**teid**
nemad, need	**nende**	**neid**

1 Varem olime [tema] suured sõbrad.
2 Ta pole [mina] kirjutanud.
3 Kas [teie] oleks võimalik [meie] kaasa tulla?
4 Ta käib sageli [nad] juures.
5 [See] naisel, [kes] me eile rääkisime, on palju tuttavaid Eestis.
6 Kleit, [mis] ma eile selga panin, on juba mustaks läinud.
7 Kas sa tead, mis [nemad] nimed on?

Language in use

1 Describe the contents of your own wardrobe. Here is a list of colours to help you.

roheline	green	**roosa**	pink
punane	red	**pruun**	brown
must	black	**kollane**	yellow
valge	white	**hall**	grey
sinine	blue		

2 Can you guess the genitive forms of the above adjectives?

10 Ilm ja aastaajad
Weather and the seasons

> By the end of this lesson you should:
> - recognize and be able to use the negative subjunctive verb
> - know and be able to use the abessive case
> - recognize all the noun cases in Estonian
> - know more about the formation of the superlative adjective

Tuuline käik Tartus

On a windy afternoon in Tartu, early in the autumn university term, Tõnu is chatting with Piret about the weather. They are taking her nephew and niece, Toomas and Mari, out for a walk

TÕNU: Siin Tartus on sügiseti tuul väga vinge.
PIRET: Jah, aga Tallinnas, kus kirdetuul puhub Soome lahelt, on tuul veel vingem. Sügis on ilus aastaaeg, aga oleks palju kenam, kui vihma ei sajaks.
TÕNU: Varsti hakkab lund sadama. Aga vihmata poleks see ju sügis.
PIRET: Talv tuleb varsti. Seegi oleks meeldiv aastaaeg, kui poleks nii käredat pakast.
MARI: Piret, mul on külm!
PIRET: Paneme sulle salli kaela. Täna on külm tuul.
TÕNU: Minu meelest on nii tore, kui võib suusatada ja uisutada. Mina uisutan hea meelega järvel.
PIRET: Aga päevad on talvel liiga lühikesed! Õhk on külm, ja päike paistab päeval ainult mõni tund. Talveõhtud on pimedad ja ööd on pikad. Oi! Toomas kukkus maha!
TOOMAS: Piret, miks ma pean kummikutega käima? Ma ei taha kummikuid.

PIRET: Kas sul on kummikutega raske käia?
TOOMAS: On.
PIRET: Aga kummikud peavad jalas olema, sest täna on paha ilm. Muidu sa saad märjaks!
TÕNU: No, mis aastaaeg siis sinu meelest kõige kenam on?
PIRET: Mulle meeldib kõige rohkem suvi. Suvi on Eestis nii ilus, ja suvel saab puhata. Mina käin puhkusel Pärnus, või Haapsalus, mere ääres, kus saab soojas vees ujuda.
TÕNU: Jah, aga mulle meeldib kevad veel rohkem. Pärast pikka pimedat talve ärkab loodus unest ja ilm muutub soojemaks. Ka kevade värvid on minu meelest kõige kaunimad.
PIRET: Aga vaata nüüd sügise värve! Kas kevad võiks olla veel parem!

Vocabulary

tuul, -e	wind	järv, -e	lake
vinge	cutting, piercing	lühike(ne), -kese	short
kirdetuul, -e	northeast wind	õhk, õhu	air
puhuda	blow	külm, -a	cold
Soome, –	Finland	päike(ne), -kese	sun
laht, lahe	bay, gulf	paista	shine
aastaaeg, -aja	season	ainult	only, merely
kena, –	nice	mõni	some, a few
sadada, sajab	fall, precipitate	pime, -da	dark
vihm, -a	rain	saada	can, may
lumi, lume			(+ verb -ma)
(*part.* lund)	snow	Pärnu, Haapsalu	Estonian coastal
käre, -da	fierce, sharp, severe	või	resorts or
pakane, -kase	frost, cold weather	meri, mere	sea
kummik, -u		äär, -e	side, edge, verge
(short form of		ujuda	swim
kummisäärik,		vesi, vee	water
-u)	rubber boot	ärgata, -kan	wake
märg, märja	damp	loodus, -e	nature
paha, –	bad, evil	uni, une	sleep
suusatada	ski	muutuda	change (*intrans.*)
uisutada	skate	värv, -i	colour

Language points

The negative subjunctive/conditional

This form of the verb is the same as the positive but preceded by **ei**:

> **Oleks kenam, kui vihma ei sajaks.** It would be more beautiful if it didn't rain
>
> (*Lit.*, 'if rain didn't fall'.)
>
> **Ei oleks kenam, kui vihma sajaks.** It wouldn't be more beautiful if it rained.

The partitive of words ending in -ne

> **See oleks meeldiv aastaaeg, kui ei oleks nii käredat pakast.**
> It would be a pleasant season if there weren't such sharp frost.

Adjectives and nouns ending in **-ne** in the nominative, **-se** in the genitive, generally have the ending **-st** in the partitive: **pakane**, **pakase**, **pakast**; **talvine**, **talvise**, **talvist** and so on.

The superlative form of the adverb

> **Suvi on kõige parem aastaaeg.** Summer is the best season.
>
> **Mulle meeldib suvi kõige rohkem.** I like summer best of all.

In Estonian we usually get the adverb from the adjective by adding either **-sti** or **-lt** to the genitive stem (sometimes both variants are possible): **halb** 'bad', genitive **halva** > adverb **halvasti** 'badly'; **vinge** 'piercing', genitive **vinge**, adverb **vingelt** 'piercingly'. The adverb answers the question 'how'? There are also some words that belong to the class of adverbs that are not derived from adjectives, and so don't have these characteristic endings, such as **palju** 'much', **vähe** 'little'.

The usual way of getting comparative and superlative forms from adverbs is either by omitting the ending **-sti/-lt** and adding the ending **-mini** to the genitive stem of the adjective; when the last letter of the stem is **-a**, it changes to **-e** (**halvasti** > **halvemini** 'worse'); or in the case of adverbs ending in **-lt**, they may be derived from the comparative degree of the adjective, taking its genitive stem and adding **-lt** (**vinge** > **vingelt**; comparative of adjective

vingem, genitive **vingema**, comparative of adverb **vingemalt**). The superlative is formed, as with adjectives, by adding **kõige** before the comparative form.

Tuul puhub *vingelt.*	The wind blows *sharply.*
Tuul puhub veel *vingemalt.*	The wind is blowing even *more sharply.*
Soome lahelt puhub tuul kõige vingemalt.	From the Gulf of Finland the wind blows *most sharply.*
Piret käib *kiiresti.*	Piret walks *quickly.*
Tõnu käib *kiiremini.*	Tõnu walks *more quickly.*
Mina käin kõige *kiiremini.*	I walk the *most quickly.*

The exceptions **palju** and **vähe** have the following comparative and superlative forms: **palju – rohkem – kõige rohkem**; **vähe – vähem – kõige vähem**.

The abessive case

Aga vihmata poleks see ju sügis.
But after all it wouldn't be autumn without rain. (ju = after all)

The abessive case is the last of the Estonian cases we have to learn. It has the meaning 'without' and is formed by adding **-ta** to the genitive stem: **vihmata** 'without rain'; **tuuleta** 'without wind'. 'Without' can also be expressed by the preposition **ilma**, but even here the abessive case is used: **ilma vihmata** and so on. The case can be used, of course, with names as well as nouns:

Nad lähevad linna (ilma) Piretita.	They are going to town without Piret.
Ma ei tahaks olla koduta.	I wouldn't want to be without a home.

Exercise 1

Form the comparative and superlative degrees of the following adjectives: **huvitav** (interesting), **igav** (dull, boring), **ilus** (beautiful), **kaunis** (pretty), **kuulus** (famous), **paks** (**paksu**; thick, fat), **pilvine** (cloudy), **raske** (difficult, heavy), **suur** (big), **tuuline** (windy), **tähtis** (**tähtsa**; important), **uus** (new), **vaba** (free).

Exercise 2

Translate into Estonian:

1 If I had known that you were (= are) coming to Tallinn, I would have come to meet you (= vastu).
2 I would have liked to travel to Finland for the summer, but it's already autumn.
3 If you had not invited us to visit, we would have gone to the seaside.
4 We would give a lot if we could talk with you (pl.).
5 It would not be autumn if it didn't rain.
6 In Estonia the summer days are long and the winter days are short.
7 I'd like (= Paluksin) two coffees and a cream cake.

Reading passage

Here is a weather forecast as broadcast on the radio on a September evening in Estonia. Additional vocabulary is provided to help you.

Madalrõhulohk liigub Baltimaade kohalt itta; läänest läheneb homme päeval uus madalrõhulohk. Tallinna ilmajaama andmeil on homme Eestis oodata pilves, selginemistega ilma. Ida-Eestis sajab öösel paiguti vihma; hommikul mõnel pool udu. Homme päeval hakkab sadama alates saartest. Tuul puhub lõunast ja edelast kiirusega kolm kuni seitse meetrit sekundis. Sooja on öösel kuus kuni üksteist, päeval kolmteist kuni seitseteist kraadi. Neljapäeval sajab paiguti vihma; reedel on ilm sademeteta. Sooja on öösel kuus kuni üksteist ja päeval kolmteist kuni kaheksateist kraadi.

Vocabulary

madal, -a	low	**lääs, lääne**	west
rõhk, rõhu	pressure	**läheneda**	approach
lohk, lohu	hollow, depression	**jaam, -a**	station
liikuda, liigun	move	**andmed, -mete**	data, information
Baltimaad	the Baltic countries	**oodata**	(here:) to be expected
kohalt	from above (*postp.*)		
ida, –	east	**pilv, -e**	cloud

ILM

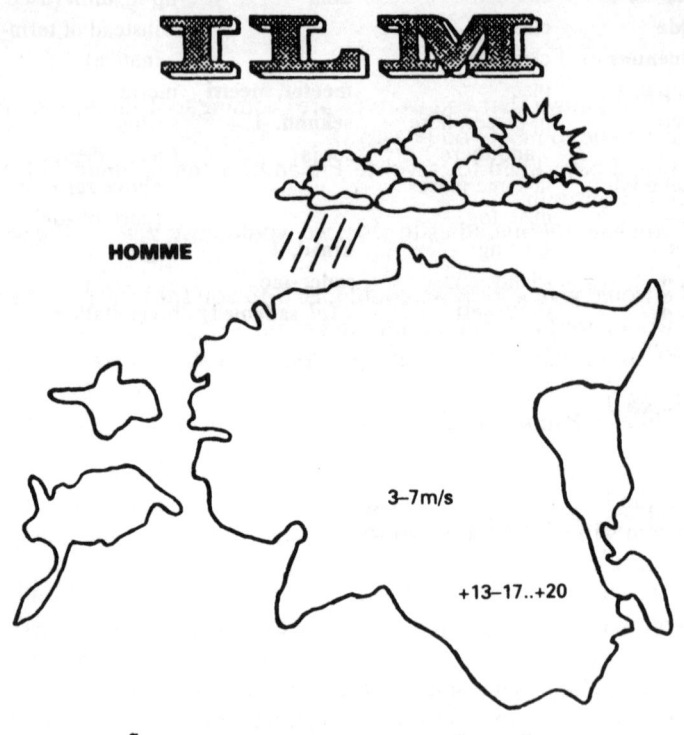

HOMME

3–7 m/s

+13–17..+20

Õhutemperatuurid 30. juunil kell 18.45

Amsterdam +26	Hongkong +30
Bangkok +32	Jeruusalemm +28
Barcelona +26	Johannesburg +15
Peking +32	Lissabon +26
Beirut +26	Los Angeles +30
Brüssel +27	Meka +47
Buenos Aires +18	Miami +32
Kairo +34	Montreal +23
Calgary +12	New York +29
Chicago +26	San Francisco +25
Dublin +17	Sapporo +17
Hanoi +29	
Havanna +32	*Baltic News Service*

pilves	clouded	**kuni**	up to, until (used instead of terminative)
selgida	clear up		
selginemine	clearing up		
paik, paiga	place	**meeter, meetri**	metre
paiguti	in places, here and there	**sekund, -i**	second
		sooja	(here:) degrees above zero (part. of **soe**)
mõnel pool	in some places		
udu, –	mist, fog		
alates	starting	**kraad, -i**	degree
saar, -e	island	**sade, -me**	
edel, -a	southwest	(*pl.* **sademed**)	precipitation
kiirus, -e	speed		

Exercise 3

Here, by contrast, is a weather forecast for a fairly typical summer day in the UK. See if you can translate it into Estonian. The vocabulary you will need is either in the passage above or in the glossary at the back of the book.

Rain over much of Scotland and parts of England and Wales will turn showery as brighter and drier weather spreads north. Northern Scotland will remain cloudy and wet, while Northern Ireland will become brighter with some sunshine. Becoming cloudy in the southwest later. Temperatures: 12° C in eastern Scotland, 16° C over England.

Revision: Lessons 6–10

Exercise 1

Put the nouns in brackets into the correct case:

1 Ta ostis oma (poeg) (ülikond).
2 Ta sai oma (mees) pika (kiri).
3 Nad näitasid (üliõpilane) Tartut.
4 Pange kõik kingid (laud)!
5 Nad ootavad (pakk) oma (isa).
6 Meie tuleme varsti (mägi) koju.
7 Kui palju raha te (müüja) andsite?

Exercise 2

Translate into Estonian:

1 Do you drink coffee with milk or without milk?
2 We went with a friend to look at the town.
3 When did you get acquainted with her?
4 We went by train to the country.
5 The children went (= 'stayed') without lunch today.
6 This room is without a bed.
7 She came to us (= meie poole) without shoes.

Exercise 3

Translate the words in brackets using the appropriate case:

1 Nad sõitsid (to Rakvere for two weeks).
2 Juba (as a child) käis ta Soomes.
3 Mu vanemad tulid (for lunch) meile, ja jäid (until four o'clock).
4 Ma vajan kingi (by Thursday).
5 Tema naine oli riideäris (a saleswoman until last year).
6 Lähme (for an hour) jalutama!
7 Ta ennustab (for tomorrow) head ilma.

Exercise 4

Put these sentences into the past tense:

1 Siin õpib palju üliõpilasi.
2 Kas te juba pesete?
3 Me käime linnas koolis.
4 Kas õpilased kardavad seda õpetajat?
5 Kas sa tõused täna hommikul vara?
6 Millal te välja tulete?
7 Kas sa ehitad uue maja?

Exercise 5

Translate the following times into Estonian using words:

1 4.13   5 6.38
2 2.11   6 10.19
3 11.10   7 8.30
4 5.57

11 Kauplustes
Shopping

By the end of this lesson you should:
- know about the formation of the partitive plural
- know how to form tag questions ('won't you?' 'hasn't he?', and so on)
- know the conjugation of the pronoun **ise** 'self'

Kingi ostmas

Tõnu and Ago have to return to Tallinn, but before they do they go shopping with Piret

TÕNU: Homme peame me tagasi Tallinna sõitma. Kas sa, Piret, tuleksid meiega poodi kaasa?
PIRET: Hea meelega. Mida te tahate osta?
TÕNU: Ma ostaksin endale paari kingi.
PIRET: Lähme siis kingapoodi.

The three go together to the shoe-shop

PIRET: Mis number kingi sa kannad?
TÕNU: Ma ei ole päris kindel.
AGO: Su number võiks olla ehk nelikümmend, aga sul on lai jalg.
TÕNU: Võib-olla need kingad sobivad mulle.
PIRET: Ära neid proovigi! Need on liiga kitsad.
AGO: Aga kahjuks ei ole neil laiemaid musti kingi. Need pruunid on laiemad. Need peaksid sulle sobima. Proovi neid.
TÕNU: Jah, need on parajad. Palun, kui palju nad maksavad?
MÜÜJA: Kakssada krooni.

Vocabulary

pood, poe	shop, store	lai, -a	broad, wide
soovida	wish	proovida	test, try (on)
päris	completely, absolutely	kitsas, kitsa	narrow, tight
		kahju, –	harm, damage
kanda	(here:) wear	kahjuks	unfortunately
täpne, -se	exact	paras, paraja	suitable, fitting, right
ehk	perhaps		

Language points

Forms of the partitive plural

You have now met the partitive plural forms of the noun on several occasions, including the dialogue above, and you will have seen that they can take several different forms. The partitive plural ending is one of the more difficult to predict or identify, so it may be of some use here to summarize its characteristic endings:

-i (king > kingi)   **-(a)id** (ilus > ilusaid)
-e (särk > särke)   **-si** (üliõpilane > üliõpilasi)
-u (vana > vanu)   **-sid** (pidu > pidusid)

There are very complex rules for ascertaining what the partitive plural ending of any noun will be, but you should not be expected to learn these rules by heart. Some words even have two alternative partitive plural forms, such as **kool: koole** or **koolisid**. Where there are two forms, the shorter one is usually preferred.

These complex rules are set out here for reference only:

1 If the first vowel (or diphthong) of the stem is **a, i, o, ei** or **äi** and the genitive singular ends in **-a** (such as **vana**), then the partitive plural ending will be **-u (vanu)**.
2 If the first vowel of the stem is not one of the above and the genitive singular ends in **-a** (such as **korra**, *nom.* **kord**), then the partitive plural ending will be **-i (kordi)**.
3 Otherwise the first vowel of the stem is irrelevant. If the genitive singular ends in **-e** (**keele**, *nom.* **keel**), then the partitive plural ending will be **-i (keeli)**.

4 If the genitive singular ends in **-i** (**reisi**, *nom.* **reis**), then the partitive plural ending will be **-e** (**reise**).
5 If the genitive singular ends in **-u** (**arvu**, *nom.* **arv**), then the partitive plural ending will be **-e** (**arve**).

The above rules apply to most of the nouns which have two syllables in the genitive singular.

But the complexities don't end here! As you will see from the forms **korra** and **kordi**, consonant grades also have to be taken into account. Additionally, the question of whether other nouns will take **-(a)id**, **-si** or **-sid** is subject to even more complex rules, which it would be pointless to go into here. But as a general rule, the form of the genitive singular will help you to guess the partitive plural form.

The partitive plural is used:

1 To express quantity: **palju inimesi** 'a lot of people' (**inimene, inimese** person).
2 'Some', 'any': **Kahjuks pole meil** *musti kingi* 'Unfortunately we don't have any black shoes'; **meil on** *ilusaid kindaid* 'we have beautiful gloves'.
3 'One of': **see on üks** *kaunimaid maid* 'This is one of the most beautiful countries'.
4 What is perceived as the 'partial object': **Palun andke mulle ka** *särke* 'Please give me some shirts too'.

The partial object may be:

1 The object of any verb in the negative (for example: **ma ei leia oma** *kindaid* 'I can't find my gloves'; **leida** find).
2 An uncountable or indefinite object or substance (for example: **me peame kohe** *kingi* **ostma** 'we have to buy (some) shoes straight away'.
3 The object of certain verbs that are considered as processes rather than momentary actions (often corresponding to the English progressive form that ends in *-ing*) (for example: **nad kandsid raskeid** *pakke* 'they were carrying heavy packages').
4 The object of a verb of feeling or perceiving (for example: **ma nägin oma** *sõpru* **kohvikus** 'I saw my friends in the café').

Note that the partitive plural form of the comparative adjective ends in **-aid**: **nendel ei ole** *laiemaid* 'they don't have any wider ones'.

'Don't even ...'

In the dialogue, Piret exclaims **Ära neid proovigi!** 'Don't even try them on!'. Note how the emphatic ending **-gi/-ki** can be used in the negative imperative to mean 'don't even'.

Teistes kauplustes

They visit some other shops

PIRET: Ma pean ka apteeki minema, ja seejärel pagari juurde. Kas tulete koos minuga?
AGO: Jah, hea meelega tulen. Mida me pagari juurest toome?
PIRET: Ma mõtlesin, et oleks tore, kui ostaksin tordi.
TÕNU: Kas viime tordi koju?
PIRET: Jah, ja selle juurde joome teed või kohvi, eks ole?
AGO: Hea küll, aga lähme koju alles siis, kui oleme kõik ostud teinud.
TÕNU: Ma tahaksin ka raamatukaupluses käia. Olen kuulnud, et siin Tartus on häid raamatukauplusi.
PIRET: Käime siis ka seal. Selle kõrval on õnneks hea riidekauplus. Võib-olla ma saan endale mingi seeliku valida, eks ole?

Vocabulary

apteek, -teegi	chemist's shop	**tort, tordi**	cake
seejärel	after that	**eks ole?**	isn't that so?
pagar, -i	baker	**kaup, kauba**	commodity, item (of goods)

Language points

Tag questions

Jah, ja selle juurde joome teed või kohvi, eks ole? Yes, and we'll drink tea or coffee with it, won't we?

These questions are actually statements that have been turned into questions by the addition of little phrases which we call **tag questions**. **Või**, which simply means 'or', is frequently used when the speaker expects some response which might involve an alternative suggestion.

Elate siin või? You live here, or what? (do you?)

Ei, ma elan kaugel. No, I live far away.

The phrase **eks ole** is rather like English tag questions of the type 'isn't it?', 'don't you?', 'hasn't she?' It can also be shortened to merely **eks**. We use it when we are expecting agreement.

Te laulate, eks ole? You sing, don't you?

Ta kannab ilusaid riideid, eks? She wears nice clothes, doesn't she?

Teie vanemad elavad veel, eks ole? Your parents are still alive, aren't they?

Note also the common phrase **eks me näe** 'we shall see'.

Oblique cases of ise: 'self'

Võib-olla ma saan endale mingi seeliku valida. Perhaps I'll be able to choose a skirt for myself.

The pronoun **ise** 'self' is very irregular in that it has the genitive form **enda** (and the partitive form **end**) and the other cases are based on this stem.

See on minu enda raamat. This is my own book.

More emphatic than **See on minu *oma* raamat**.

Ostan endale uue auto. I'm buying myself a new car.

Ise can even be prefixed to its own oblique forms, as **iseend**, **iseenda** and so on:

Räägi midagi iseendast! Tell (me) something about yourself!

Exercise 1

See if you can work out the correct partitive plural form which you substitute for the noun in the following sentences.

1 Meil on täna palju õunu. **(muna** egg)
   (hernes pea)
   (kook cake)
2 See pood müüb sokke. **(kinnas** glove)
   (sall scarf)
   (särk shirt)
3 Kas teil on suuri kaubamaju? **(must king** black shoe)
   (vana kirik old church)
   (ilus park beautiful park)
4 Selles linnas on palju ärisid. **(kohvik** café)
   (raamatukogu library)
   (maja house)
5 Kus ma võiksin osta toole? **(kohver** suitcase)
   (puuvili fruit)
   (aluspüksid underpants)

Exercise 2

Put the correct form of the verb in both the singular and plural negative imperative constructions. Example:

Ära osta/ Ärge ostke seda kleiti! Don't buy that dress!

1 – osta neid kingi!
2 – teha vigu! (make mistakes)
3 – viia hommikusööki voodisse! (take breakfast to bed)
4 – karta! (be afraid)
5 – panna raamatut toolile!
6 – õmmelda endale uut kleiti!
7 – unustada oma raha lauale! (forget your money on the table)

Exercise 3

Translate into Estonian:

1 Buy yourself some new clothes!
2 She said nothing about herself.
3 They think only of themselves.

4 Can't you help yourself?
5 We ourselves know very little about our own country.
6 He wrote it himself.

Exercise 4

Translate into English:

1 Te tulete homme või?
2 Me läheme varsti koju, eks ole?
3 Me läheme koju või?
4 Sul on ainult natuke raha, eks ole?
5 Autobuss väljub kell pool kümme, eks ole?
6 Sa käisid juba kaupluses või?
7 Sa käisid juba kaupluses, eks ole?

Reading passage

The history of Tallinn

Here is a table of important events in the history of the Estonian capital. You will find the new vocabulary in the glossary at the back of the book.

Tallinna soodus asend ida-lääne vahelise kaubatee ääres tähtsa sadamalinna ja kaubitsemiskohana on ligi meelitanud nii taani, rootsi, saksa, poola kui ka vene võimukandjaid. Pidevas võimuvõitluses ongi kujunenud linna ajalugu.

Tallinna ajalugu

1154	Tallinna esimene kirjalik mainimine araabia geograafi alldrisi poolt
1219	Taani väed vallutavad Tallinna
1227	haarab võimu Mõõgavendade Ordu
1238	Stensby lepingu põhjal tagastatakse* Tallinn taas Taanile 1248 Taani kuningas Erik IV Adraraha annab linnale Lüübeki õiguse
1280	Tallinn astub Hansa linnade liidu liikmeks
1346	ajendatuna Jüriöö ülestõusest müüb Taani 19.000 hõbemarga eest Tallinna Saksa Ordule, kes omakorda pandib valduse 20.000 hõbemarga eest Liivi Ordule
1433	põleb linn maha, mis järel keelatakse* puumajade ehita mine linnas
1561	Tallinn vannub truudust Rootsi kuningale Eerik XVI
1570–1577	Liivi sõja käigus piiratakse* Tallinna mitmeid kordi vene ja poola vägede poolt
1710	alistus Tallinn Põhjasõja käigus vene vägedele
1905	revolutsioonilised sündmused ja meeleavaldus Uuel turul, kus tsaari sõjaväelased avavad rahvahulga pihta püssitule, surma saab 94 inimest
1916	eesti kodanlus hakkab püüdlema iseseisvumise poole, viiakse läbi Maanõukogu valimised
1917	novembris läheb võim enamlastele
1918	enamlased lahkuvad vene sõjalaevadega Kroonlinna, 24. veebruaril kuulutatakse Eesti Vabariik
1924	enamlased teevad 24. detsembril katse taas haarata võimu, kuid ülestõus ebaõnnestub
1940	21. juunil, toetudes Nõukogude Liidu sõjaväebaasidele, võtavad võimu enamlased
1941	Tallinnast saab Saksamaa idaprovintsi Eesti kindralkomissariaadi keskus
1944	9. märtsi pommitamine lennuväe poolt hävitab peaaegu poole linna hoonestusest; 22. septembril vallutavad Tallinna Nõukogude Liidu väed
1980	peetakse* Tallinnas Moskva olümpiamängude purjeregatt
1991	20. augustil kuulutatakse* välja Eesti Vabariigi taasiseseisvumine

*The forms ending in **-akse** are present tense passive/impersonal forms ('is held', 'is proclaimed' and so on). For more on the present tense passive see Lesson 15.

12 Tööelu

Working life

By the end of this lesson you should be able to:
- recognize and use the essive case
- create nouns from verbs for 'doers' of actions
- form some adjectives from nouns
- read and understand some classified advertisements

Elukutsetest

Tõnu is curious to learn more about Piret's university life and her plans

TÕNU: Mis sinust saab, kui sa ülikooli lõpetad?
PIRET: Ma kindlalt ei tea, aga tõenäoliselt saab minust keskkooli emakeele õpetaja, sest ma õpin eesti keelt ja kirjandust. Aga lõpetanuna ma tahaksin töötada näiteks tõlgina või ajakirjanikuna.
TÕNU: Ja millised teaduskonnad peale eesti keele teaduskonna veel Tartu Ülikoolis on?
PIRET: Ülikool valmistab ette arste, kes õpivad arstiteaduskonnas, juriste, ajaloolasi, majandusteadlasi ja mitmete teiste alade spetsialiste.

Vocabulary

saada	become (+ *elat.*)	**tõenäoline, -lise**	probable, likely
lõpetada	end, finish, complete, graduate	**kirjandus, -e**	literature
		tõlk, tõlgi	interpreter
lõpetanu, –	graduate (*n.*)	**kirjanik, -u**	writer

ajakirjanik, -u	journalist	jurist, -i	lawyer, jurist
milline, -lise	what (kind of)	ajalugu, -loo	history
teadus, -e	science, learning	ajaloolane, -lase	historian
teaduskond, -konna	faculty	majandus, -e	economy
ette	forward, in advance	majandustead-lane, -lase	economist
valmistada	prepare	mitu, mitme	several
ette valmistada	prepare in advance, train	ala, –	field, area
		spetsialist, -i	specialist

Language points

Agent nouns

Minust saab õpetaja.   I shall become a teacher.

A number of names of occupations are formed from verbs by adding the suffix **-ja** to the stem of the **-ma** infinitive. Thus in this passage we find, for example, **õpetaja** 'teacher' from **õpetada** 'teach'; and **näitleja** 'actor' from **näitlema (näidelda)** 'act'. But there are other endings too: for example **-nik** in **kirjanik** 'writer', 'author', **-ur** in **lendur** 'flier', 'pilot', and **-lane** in **ajaloolane** 'historian' and so on. From **amet** 'office', 'profession' we get **ametnik** 'official'.

To 'become' a holder of a particular occupation we use the verb **saada**:

Minust saab ajakirjanik.   I shall become a journalist.

Temast sai lendur.   He became a pilot.

Sinust saab õpetaja.   You are to become a teacher.

Adjectives formed from nouns

Mul on kaheksatunnine tööpäev.   I have an eight-hour working day.

Usually, adjectives that are formed from nouns take a characteristic ending such as **-ne** or a variation of it, based on the genitive stem, such as **-line**:

See oli *revolutsiooniline* sündmus.   It was a revolutionary event.

| Ta pidi *tulist* kõnet. (*part.*) | He made a *fiery* speech. |
| Meil oli eile päikese-paisteline päev. | We had a sunny day yesterday. |

The essive case

| Kellena su isa töötab? | As what does your father work? |
| Ta töötab insenerina. | He works as an engineer. |

The essive case is another of those cases which add an ending to the genitive stem; in this case the ending is **-na**. The essive case denotes the capacity in which the subject acts, and is often translated by 'as' in English. Further examples:

Mu ema töötas õpetajana.	My mother worked as a teacher.
Ma tunnen Tartut ülikoolilinnana.	I know Tartu as a university town.
Lapsena ma tahtsin saada lenduriks.	As a child I wanted to become a pilot.

From the last example you will also see that the essive case is used for states of 'being' – what someone or something actually is – but not of 'becoming' – a change of state; verbs of 'becoming', like **saada**, take the translative case (**-ks**), or the elative and nominative cases in the way shown in 'Agent nouns' above.

Pireti plaanid õpetajana

Tõnu wants to know why Piret chose to become a teacher

TÕNU: Aga miks sa tahad õpetajana töötada?
PIRET: Kui ma päris pisike olin, juba siis meeldis mulle üle kõige õpetaja amet. Ja mu ema töötas õpetajana.
TÕNU: Kellena su isa töötab?
PIRET: Ta on ehitusinsener. See amet ei huvitanud mind nii väga. Muidugi olen vahel unistanud muudest ametitest, näiteks sellest, et võiksin olla kuulus kirjanik või näitleja. Millisest elukutsest oled sina unistanud?
TÕNU: Sa ära naera, aga noorena tahtsin saada lenduriks. Hiljem mõtlesin ka muudele ametitele, tahtsin, näiteks, insenerina

leiba teenida. Räägi mulle, Piret, tulevane õpetaja, millised on sinu töötingimused?

PIRET: Mul on kaheksatunnine tööpäev, aga suvepuhkus on pikem kui teistel ametikohtadel.

TÕNU: Kas sa tead, milline võiks olla su palk?

PIRET: Palk sõltub staažist, haridusest, tundide arvust ja tervest reast muudest tingimustest.

Vocabulary

miks	why	näitleja, –	actor
pisike(ne), -kese	little, small	kutse, –	calling
üle	above, over (*prep.*)	elukutse, –	vocation
amet, -i	profession	naerda, naeran	laugh
ehitus, -e	building, construction	lendur, -i	flier, pilot
		tulev, -a	coming, future
insener, -i	engineer	palk, palga	salary, wage
seesugune, -suguse	such, that kind of	staaž, -i	length of service
		haridus, -e	education
vahe, –	gap, interval	arv, -u	number, quantity
vahel	at times, sometimes	rida, rea	range, series, row
unistada	(day-)dream	muu, –	other
näidelda, näitlen	act	tingimus, -e	condition

Language points

The negative of the past tense

See amet *huvitas* mind.   That profession *interested* me.

Seesugune amet *ei huvitanud* mind.   That kind of profession *did not interest* me.

We tackled the past tense of the verb in Lesson 3 ('Past tense of the verb'). To put the past tense of an active verb into its negative form, we place the negative particle **ei** before the past participle of the verb, which ends, as we know, in **-nud**. As with all negative constructions, if the verb has an object it will appear in the partitive case:

Ma *kirjutasin* kirja. (*gen.*)   I *wrote* the letter.

Ma *ei kirjutanud* kirja. (*part.*)   I *didn't write* the letter.
Ma *ostin* lehe. (*gen.*)   I *bought* the paper.
Ma *ei ostnud* lehte. (*part.*)   I *didn't buy* the paper.

Exercise 1

Translate into Estonian (leaving out the words in parentheses):
1 What did you want to become (when you were) young?
2 I wanted to be a rich actor and work a three-day week. And what did you want to be?
3 I wanted to be a teacher with a three-hour working day.
4 What do you want to study?
5 I want to study (to become) an engineer.

Exercise 2

Make these sentences negative:

1 Ma tahtsin seda sööki süüa.
2 Me läksime kauplusse.
3 Sa olid noorena väga ilus.
4 Vihm meeldis mulle.
5 Kas te sõitsite rongiga Venemaale? [to Russia]
6 Ma teadsin, mis on vaja.
7 Ülikoolis õppis ta majandusteadust.
8 Ma panin raha taskusse.
9 Teie palk sõltus haridusest.

Exercise 3

Form nouns from the verbs listed below on the following pattern:
näitlema, näidelda (act) **näitleja** (actor)

müüma, müüa (sell); **laulma, laulda** (sing); **teenima, teenida** (serve); **sõitma, sõita** (travel); **jooksma, joosta** (run); **armastama, armastada** (love); **tõlkima, tõlkida** (translate).

Language in use

The classified advertisements reproduced here are taken from *Päevaleht*, a national daily newspaper (as its name implies). Using the glossary at the end of the book, find out from it the answers to the questions below.

1 Who should write to an address in Canada?
2 To whom does 'Eesti Kontsert' address its announcement and what can it offer?
3 What instruments can you hear played in the Niguliste church?
4 How many rooms are there in the co-operatively-owned ('koop.' = kooperatiivne) flat that is for sale in Mustamäe?
5 What kind of parquet flooring is for sale?
6 What else is for sale from the vendors of a colour television set?
7 What qualifications (and gender!) are required for a job at 'Eesti Energia'?
8 And what qualification for a job at the paper itself?
9 What was stolen (= varastati) on an impossible date?
10 How often can you fly to Tunisia and what do you get for the cost of your holiday?
11 On what conditions can you play tennis with a 17-year old girl?
12 Expert assistance is needed for what?
13 Who is having a birthday?

SELLE SÜGISE SUUR REISIUUDIS:
T U N E E S I A
Lennud alates 26.10.92 iga nädal
Air Liberty suure lennukiga
McDonnell Douglas MD-83

HINNAD ALATES 6390,-EEK
(koos käibemaksuga)

NB! HIND SISALDAB:
majutus kõrgetasemelises
hotellis mererannas
kaks toitu päevas,   ESTRAVEJ
lennupiletid,
bussitransferid,
individuaaine teenindamine.

Tellimine juba algas, helista 601 884
enne, kui kohad valja muuakse.
Või tule Pikk 37, Tallinn.

Lugupeetud muusikaõpetajad!
"Eesti Kontsert" teatab, et on alanud kooli loeng-kontsertide ettetellimine. Tööpäeviti k. 10–14 tel. 49 02 95. Meeldiv vaheldus koolirutiinis, tellige ja Te ei kahetse!

NIGULISTE
5. ja 6. septembril k. 11.30 muuseumi muusikatund. Esinevad Rolf Uusväli (orel), Tõnu Reimann (viiul). Kavas: Bach, Reimann, Kareva.

Mag. Voldemar Madisso otsib sugulasi ja tuttavaid.
Aadr. 84 Cronsberry Rd, RR2
Petterlaw, Ontario
Canada L0E 1N0

Noor mees,
kes tunneb raamatupidamist ja pangandust ning valdab inglise keelt, **võib saada tööd "EESTI ENERGIAS"**
Tulla Estonia pst. 1., tuba 324.
Tel. 61 27 26

Müüa Mustamäel 3-toaline koop. korter. 36m^2; h:6000USD. Tel. k. 19–20 8 232 44 579

Müüa liistparkett (pöök) Mõõtmed: 400x60x16mm.
Õhtuti tel. 8 23 2 97 150

Müüa värviteleviisor Jantar 714, soolokitarr koos võimendiga.
Tel. 23 26 05

Võtame tööle:
- Sekretär-asjaajaja (vajalik inglise keel)
- District Manager
VESTLUS REEDEL
"PÄEVALEHES"
KELLA 14^{00}–16^{00}

31. sept. varastati Rahumäelt välismaine lasteratas TITANIX (kollase-rohelisekirju raam, tavalisest laiemad kummid). Leidjale vaevatasuks vähekasutatud ERELIUKAS.
Pämu mnt. 219–3, Vaigla

Vajan asjatundja abi vanaaegse mööbli hindamisel.
Tel. 68 17 82

17–aastane neiu otsib partnerit tennisemänguks tingimusel, et partner maksab väljaku eest. Peapostkontor nõudm., passi VII LA Nr. 670032 ettenäitajale

Kallis vanaema Tiiu! Palju õnne sünnipäevaks!
Väike Karl

13 Perekonna elu
Family life

By the end of this lesson you should be able to:
- use the words for family relations
- recognize and use the participle **-mas**
- use case endings with place names
- recognize and use more postpositions and prepositions

Perekondade võrdlemine 👁

Tõnu and Piret are comparing notes about their families

TÕNU: Ma olen kohanud su Tartu-sugulasi, aga kui ma õigesti mäletan, on sul ka mujal sugulasi.
PIRET: On küll. Mu venna Lembitu perekond elab Tallinnas, Mustamäel. Neil on seal korter uues majas. Ta töötab instituudis õppejõuna, ja tema abikaasa Linda on hambaarst.
TÕNU: Kas neil lapsi on?
PIRET: Neil on kaks last, poeg Vello ja tütar Ülle. Vello on neli aastat vana, ja Ülle – ma ei ole päris kindel, aga umbes kuueaastane.
TÕNU: Kui sageli sa nende pool käid?
PIRET: Mitte nii sageli, kui ma tahaksin. Kui ma Tallinnas olen, käin ma küll nende juures paar korda nädalas. Aga sina? On sul ainult üks vend?
TÕNU: Mul on ka õde, Ene, kes abiellus möödunud aastal. Ta abikaasa nimi on Ülo. Neil sündis hiljuti poeg.
PIRET: Kus nad elavad?
TÕNU: Nad elavad Pärnus. Nad kolisid Pärnusse alles sellel aastal, kolm kuud tagasi. Ülol on Pärnus ema, kes elab koos teiste sugulastega.

PIRET: Ja Ene elab ämmaga?
TÕNU: Jah, praegu küll. Aga nad elavad üksmeelselt ja sõbralikult. Suviti sõidavad nad kõik koos suvilasse.
PIRET: Kas nende suvila on nii suur, et kogu perekond mahub ära?
TÕNU: On küll, ja peale suvila on neil saun. Neil käib tihti sõpru külas, töökaaslasi ka. Ago on igal aastal käinud seal sügisel Enega seeni ja marju korjamas. Aga nüüd tuleb Ago, ta võib ise rääkida, milline see suvila on.

Vocabulary

kohtama, kohtan	meet	hiljuti	lately, recently
mäletada	remember	kolida	move (residence)
õige, –	correct	kuu, –	moon, month
mujal	elsewhere, somewhere else	ämm, -a	mother-in-law
		parajasti	just now, at present
Lembit, Lembitu	(masculine name)	üksmeelne, -meelse	harmonious
instituut, -tuudi	institute		
õppejõud, -jõu	lecturer, teacher, instructor	sõbralik, -u	friendly, amicable
		mahtuda, mahun	fit in
abikaasa, –	spouse, husband, wife	peale	as well as
		saun, -a	bath-house, sauna
hammas, hamba	tooth	külas	visiting
hambaarst, -i	dentist	töökaaslane, -lase	workmate, colleague
õde, õe	sister		
mitte	not (without a verb)	seen, -e	mushroom
abielluda	marry	mari, marja	berry
mööduda	pass	korjata	gather, collect, pick
möödunud	past, last		

Language points

Place names and local case endings

Mu venna perekond elab   My brother's family lives in
Tallinnas, Mustamäe*l*.   Tallinn, *at* Mustamäe.

Just as two different prepositions, 'in' and 'at', are used in the English version of the sentence above, so there is variation in the case endings used with place names in Estonian. As in English, the reasons for the use of different forms are rather subtle. We should remember that the cases indicating location in Estonian can be divided into two broad groups, which some grammarians call the 'inner local' and the 'outer local' cases:

	Inner local		Outer local	
Inessive	-s	Adessive	-l
Elative	-st	Ablative	-lt
Illative (long form)	-sse	Allative	-le

Generally it is the inner local cases that are used with place-names, but there are exceptions. Often a place name will take the outer local forms because it refers to some geographical feature that makes these forms appropriate: if you know that **Mustamäe** means 'Black Hill', for instance, then you will more readily understand the reason: after all, in English we would say '*on* the black hill' rather than 'in' it.

Indeclinable participles

Mu õde abiellus möödunud aastal.   My sister got married last year.

Note that the word **möödunud** 'past', 'last' is actually the past participle of the verb **mööduda** 'pass', and therefore we might expect it to be declinable like an adjective. In fact, though, past participles do not change in form to agree with the noun they qualify. By contrast, if we were to say 'My sister is getting married next year', the word for 'next', **tulev**, is declined, because present participles (ending in **-(e)v**) are declinable like any other adjective:

Mu õde abiellub tuleval aastal.   My sister will marry next year.

The present continuous participle -mas

Ago on käinud seal seeni ja marju korja*mas*.   Ago has been there pick*ing* mushrooms and berries.

The participle **-mas** (which is simply the **-ma** infinitive plus the inessive case **-s**), is used as a kind of present participle in Estonian, like '-ing' in English. It always refers to an action taking place at the same time as the action of the main verb:

Terve perekond oli laua ääres söömas.	The whole family was at the table eating.
Minu tädi käis Eestis sugulasi külastamas.	My aunt visited her relatives in Estonia.
Ta oli kaupluses, toitu ostmas.	She was in the shop buying food.
Loodan, et ta on juba tulemas.	I hope she is already coming.

Kinship: family relations

Here is a list of some of the more important family relations.

isa, –	father	**vanaisa, –**	grandfather
ema, –	mother	**onu, –**	uncle
poeg, poja	son	**tädi, –**	aunt
tütar, tütre	daughter	**väimees, -mehe**	son-in-law
ämm, -a	mother-in-law	**minia, –**	daughter-in-law
vanaema, –	grandmother	**vend, venna**	brother
äi, -a	father-in-law	**õde, õe**	sister

Peale

Peale suvila on neil saun. As well as the summer cottage they have a sauna.

Peale is a really useful word in Estonian. Its basic meaning is 'on' or 'onto', as it derives from the stem **pea** 'head' + **-le** 'to'. This word has several meanings, depending on whether it is a preposition (as in the example above), a postposition or an adverb. Here are some examples to illustrate the variation in meaning:

Adverb:	**võtke mind peale** 'give me a lift'/'take me *aboard*'
	hakata peale 'make a start'
	käia peale 'insist'
	tulge peale 'come *on*!'
Postposition:	**eilsest peale** '*since* yesterday'
	laua peale '*on(to)* the table'
Preposition:	**peale selle** 'besides'
	kõik peale minu 'all *except* me'
	peale lõunat '*after* noon'

Which of the several meanings of **peale** is intended is usually evident from the context.

Postpositions, prepositions and cases: a general review

We have already seen that postpositions are quite common in Estonian, and prepositions less so. We also know that each of these words governs a particular case of the noun to which they refer. Postpositions and prepositions can have reference to place, time, cause or manner. Let us look at some examples.

Postpositions generally take the genitive case:

voodi	*alla*	(to) *underneath* the bed
	all	*under* the bed
	alt	*from under* the bed
laua	*peale*	*onto* the table
	peal	*on* the table
	pealt	*from* (the surface of) the table
maja	*juurde*	(up) *to* the house
	juures	*at* the house
	juurest	*from* the house
auto	*kõrvale*	(to) *beside* the car
	kõrval	*beside* the car
	kõrvalt	*from beside* the car
jõe	*äärde*	*to the edge of* the river
	ääres	*by* the river
	äärest	*from the edge of* the river
linna	*lähedale*	*(to) near* the town
	lähedal	*near* the town
	lähedalt	*from near* the town
hoone	*ette*	*to the front of* the building
	ees	*in front of* the building
	eest	*from the front of* the building
kooli	*taha*	*to behind/the back of* the school
	taga	*behind* the school
	tagant	*from behind* the school

Prepositions are generally used with the partitive case:

enne **sööki** *before* a meal-time
vastu **tuult** *against* the wind
piki **kallast** *along* the shore
keset **järve** *in the middle of* the lake

But a couple of prepositions do use the genitive:

läbi **metsa** *through* the forest
üle **silla** *over* the bridge

These prepositions and postpositions should not be confused with 'adverbs of direction', which we will look at in the next lesson and which do not govern any case.

Exercise 1

Translate into Estonian:

1 My uncle Vello was standing in front of the school.
2 A couple of cats were sleeping under the table.
3 I took my case from under the bed before the journey.
4 In the middle of the town there is a small church.
5 Near that small church I met my sister's husband.
6 Before Wednesday I want to travel to Helsinki.
7 Beside the railway station is a bus stop.
8 The two friends walked together along the shore.
9 Your aunt is coming over the bridge by bus.

Exercise 2

Fill in the blanks:

Tõnu on _____ Pireti Tartu-sugulasi, aga _____ on sugulasi ka mujal. Ta _____ Lembitu perekond elab _____, Mustamäel. Lembit töötab _____ õppejõuna, aga ta _____ Linda on hambaarst. Neil on kaks last, _____ Vello ja _____ Ülle. Piret ei _____ nende _____ nii sageli kui ta _____. Kui ta Tallinnas _____, käib ta nende _____ paar korda _____.
   Tõnu õde abiellus _____ aastal. Tõnu _____ abikaasa nimi on Ülo. _____ sündis hiljuti poeg. Perekond elab Pärnus, _____ nad kolisid alles _____ aastal, kolm kuud

_____. Ülo _____ elab koos _____ sugulastega.
Tõnu _____ ema on tema õe _____. Nad elavad _____ ja sõbralikult. Suvel sõidavad nad _____ suvilasse. Kogu perekond _____ suvilasse. _____ suvila on _____ ka saun. _____ sõbrad ja töökaaslased _____ neil külas. Tõnu vend Ago on _____ aastal käinud seal koos _____, seeni ja marju _____.

Exercise 3

Make a list of your own relatives using the list given above, on the pattern **Minu venna nimi on Peeter.**

Exercise 4

Translate into Estonian:

1 They were all playing and singing in the hall.
2 My uncle is sick and I think he is dying.
3 A whole new generation (= põlvkond) is growing up in free Estonia.
4 He is at present (= praegu) visiting Finland.
5 He went to Estonia to learn (= learning) Estonian.

Language in use

Below is a map of Europe with the names of the countries marked in Estonian. Note too that Holland is also know as Madalmaad; Croatia is also known as Horvaatia. Study the map and choose ten countries from it, writing a sentence about five of each of them on these patterns:

See inimene, kes on pärit Soomest, on soomlane.   A person who comes (= 'is of origin') from Finland is a Finn.

Itaallane räägib itaalia keelt.   An Italian speaks (the) Italian language.

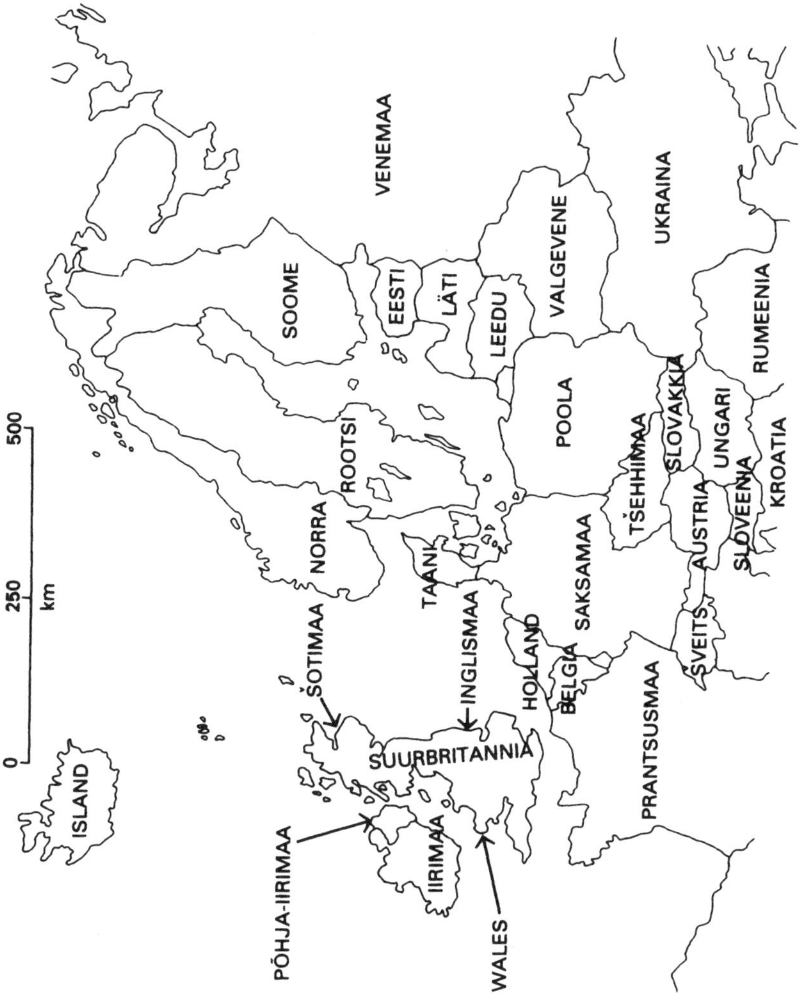
0
250
500
km
ISLAND
VENEMAA
SOOME
EESTI
LÄTI
LEEDU
VALGEVENE
UKRAINA
RUMEENIA
POOLA
SLOVAKKIA
UNGARI
KROATIA
SLOVEENIA
AUSTRIA
TŠEHHIMAA
SAKSAMAA
ROOTSI
NORRA
TAANI
INGLISMAA
HOLLAND
BELGIA
SVEITS
PRANTSUSMAA
ŠOTIMAA
SUURBRITANNIA
IIRIMAA
PÕHJA-IIRIMAA
WALES

14 Meresõit
Sailing

> By the end of this lesson you should:
> - know more about postpositions
> - know about the use of verbs with adverbs of direction
> - know how to decline foreign names

Ago ettepanek

While in Tartu, Ago has had a bright idea that he hopes will appeal to Piret

AGO: Piret! Ma olen juba mitu päeva mõelnud väikese meresõidu peale. Kas sa tahad sel pühapäeval Tallinna tulla? Lähme teeme Pirital väikese meresõidu!

PIRET: Hea küll! Aga ma ootan järgmiseks nädalaks külalist, oma vana kirjasõpra Ellenit Ameerikast. Kindlasti pole ta Tallinna veel mere poolt näinud.

AGO: Muidugi, Ellen mahub ka paati! Lähme siis pühapäeval keskpäeva paiku.

PIRET: Aga Tõnu, kas sa tuled ka kaasa?

TÕNU: Kahjuks ei. Ma olen juba lubanud oma õele, et lähen tema poole.

Vocabulary

mitu, mitme	several, some	**kiri, kirja**	letter
mõtelda (or **mõelda**)	intend	**kirjasõber, sõbra**	pen-friend
lähme	let's leave/go	**poolt**	(*postp.*) from the direction of
Pirita	marine resort near Tallinn	**keskpäev, -a**	noon, midday
külaline, -lise	guest	**paiku**	(*postp.*) about

Language points

More postpositions

Lähme siis pühapäeval keskpäeva paiku.	We'll leave on Sunday at about midday then.
Ma ei ole Tallinna veel mere poolt näinud.	I still haven't seen Tallinn from the sea.

Note the special construction using **paiku** to express an approximate time: **keskpäeva paiku** 'about midday', **ühe paiku** 'about one', **kesköö paiku** 'about midnight' and so on.

There is a set of postpositions, **poolel, poole, poolt** (derived from pool 'half', 'side'), generally referring to 'direction of':

Meie aknad on tänava poole.	Our windows face the street.
Ma käisin täna onu pool külas.	I visited my uncle's (place) today.
Nad hääletasid presidendi poolt.	They voted for the president.

The following sentence shows some uses of the word **pool**:

Ma pean kell *pool* kuus sõbra *pool* olema, aga enne seda pean ma poes käima ja homseks *pool* kilo juusta ostma.
I have to be *at* a friend's *place* at *half past* five, but before that I have to go to the shop and buy *half* a kilo of cheese for tomorrow.

Meresõit Tallinna lahel 🔊

The following Sunday, Ago, Ellen and Piret set off in a small boat from Pirita. Piret's Estonian-American pen-friend Ellen has learned Estonian but has never visited the country before

AGO: Mere poolt on Tallinn tõesti ilus, eks ole?
PIRET: On küll, ja ma näen palju ehitisi, mida ma hästi tunnen. See kõrge torn on kindlasti Oleviste kirik.
AGO: Jah, selle tunneb kergesti ära.
ELLEN: Mu isa ütles mulle, et see oli tema noorusajal kõige kõrgem ehitis Tallinnas.
PIRET: Ei ole enam! Nüüd on Viru hotell veel kõrgem! Kas näed?

ELLEN: Jah, näen küll. Ja Vanalinnas näen ma Pika Hermanni torni.
PIRET: Selle taga asub Toompea, kus asub riigi valitsus.
AGO: Kohe möödume Kadrioru pargist.
PIRET: See on küll ilus, aga mu süda hakkab pahaks minema.
AGO: Kas sa jääd merehaigeks? Paat kõigub tugevasti. Aga õnneks oleme varsti kohal.
ELLEN: Jah, nüüd ma näen juba Pirita jõge, ja selle kaldal Pirita kloostri varemeid. Tallinna rannikuala on tõesti erinev New Yorgi sadamast!

Vocabulary

tõesti	really	merehaige, –	seasick
kõrge, –	high, tall	laev, -a	ship, vessel
torn, -i	tower	kõikuda, kõigun	rock, sway
riik, riigi	state	kõva, –	hard, strong
valitsus, -e	government	õnn, -e	happiness, luck
kirik, -u	church		
ära tunda	recognize	õnneks	fortunately
noorus, -e	youth	koht, koha	place, spot, destination
mööduda	pass (+ *elat.*)		
Kadriorg, -oru	park in Tallinn	jõgi, jõe	river, stream
		kallas, kalda	bank, shore
park, pargi	park	klooster, -tri	monastery, convent
süda, -me	heart (here: stomach)		
		vare, -me	ruin
halb, halva	bad, ill	rannik, -u	coast
jääda	(here:) get, become	rannikuala, –	coastal area
		erinev, -a	different
haige, –	sick, ill	sadam, -a	harbour

Language points

Verbs used with adverbs

Selle tunneb kergesti ära.   One/You can recognize it easily.

The meanings of some verbs are considerably changed by adding adverbs such as **ära**, which in itself means 'away, off'. In the above example the addition of **ära** after **tunda** 'know' changes its meaning to 'recognize'. There are many more examples of these compound verb structures, which do not correspond literally to their English meanings. Notice that they nearly always come at the end of the clause or sentence:

Me sõidame homme *ära*.	We're leaving tomorrow.
Millal sa mu kirja *kätte* said?	When did you get my letter (*lit.*, into your hand)?
Buss jõuab kell üks *pärale*.	The bus arrives at one o'clock.
Küsi tema *käest*!	Inquire from him!
Ma õmblen su särgile nööbi *ette*.	I'm sewing a button onto your shirt. (**nööp, nööbi** = button)
Käime linnas *ringi*.	We'll go and see the town.
Saadan *ära* kaks kirja.	I'm sending off two letters.
Me läheme nüüd *välja*.	We're going out now.
Ma jätan suitsemise *maha*.	I'm giving up smoking.

There are also many other instances which do correspond closely with English usage; these include adverbs such as **tagasi** 'back (again)', **läbi** 'through', **mööda** 'past', **taha** 'back', 'behind', **üles** 'up', **ümber** 'around' and so on.

Subjectless clauses

Looking again at the example at the beginning of the chapter, **Selle tunneb kergesti ära**, we see that the verb has only an object, **selle**, but no subject. These 'subjectless' constructions are quite common in Estonian, and the implied subject is 'one' or 'you' in general:

Riideid võib praegu odavalt osta.	You can buy clothes cheaply now.

(**odav, odava** = cheap)

Seesuguseid paate näeb kõikjal.	One sees these kinds of boats everywhere.

(**paat, paadi** = boat; **kõikjal** = everywhere)

Declension of foreign names

Tallinna rannikuala on tõesti The Tallinn coastal area is really **erinev New Yorgi sadamast.** different to New York harbour.

The treatment of foreign personal and place names in Estonian needs special care. Whereas native Estonian names tend to follow the declension patterns of other nouns and adjectives (though even some of these will seem unpredictable!), the conventions for declining foreign names are somewhat different.

If the foreign name ends in a vowel that is not actually indicated in spelling, such as 'Bordeaux', 'Versailles', its genitive form will be -', the apostrophe being inserted to indicate that foreign pronunciation rules apply. The same even applies to a name like 'Sydney', whose final letter, **-y**, is not used in Estonian.

In such cases the partitive form will be **-'d**. When the reverse applies, with a final vowel in writing but not in speech, as in 'Shakespeare', the genitive will be **-'i**, and so will the partitive.

If, however, the foreign name ends in a consonant which in Estonian is subject to gradation, then the name must be subject to the same sound changes as Estonian words are: New York > **New Yorgi**, Frankfurt > **Frankfurdi**, and so on. Note that some place-names of importance to Estonia have their own Estonian versions anyway: **Helsingi, Riia, Rooma, Berliin**, and several others.

If the foreign name ends in a vowel in both speech and writing, its genitive form will be identical with the nominative: **Oslo, Moskva, Giuseppe Verdi**, and so on.

If the name ends in a consonant in both speech and writing, then the genitive ending will generally be **-i**: **Griegi, Washingtoni**, and so on. The partitive also ends in **-i**.

Russian names are transliterated into Estonian spelling and declined according to the above rules: **Mihhail Lermontov, David Oistrahh, Tšernoböl** ('Chernobyl') and so on. Names from closely related languages such as Finnish may be subjected to either Estonian or native declension rules.

Exercise 1

From the list of adverbs below, fill in the blanks in the sentences that follow.

järele	maha	ringi	ära
kätte	pärale	vastu	üles
läbi	välja	ümber	käest

1 Ta küsis mu mehe _____, kus on Enno tänav.
2 Tõnu küsib Piretilt, millal ta võib _____ minna.
3 Mu onu ajab habeme (**habe** beard) _____.
4 Isa tuli meile jaama _____.
5 Kas ta on lugenud raamatu _____?
6 Ta sai oma raha _____.
7 Suures tormis (**torm** storm) läks laev _____.
8 Väsinud naine istus _____.
9 Millal sa homme _____ tõused?
10 Meie oleme kaua linnas _____ käinud.

Exercise 2

Convert the adjectives and adverbs in the sentences below into their superlative forms on this model:

Viru hotell on kõrge ehitus Tallinas.
Viru hotell on kõige kõrgem ehitus Tallinnas.

1 Nüüd on hea tuul.
2 Me peaksime saama ilusa sõidu.
3 See on kindlasti huvitav.
4 Kaugelt tuleb suur laev.
5 Siit võin kogu Tallinna hästi näha.
6 Siin merel on suur tuul.
7 Ma olen suure tuulega merel olnud.
8 Lähme rannast kaugele.
9 Suure tuulega jään ma merehaigeks.

Exercise 3

Give the nominative, genitive, partitive, elative and illative cases of:

1 your own first name;
2 your own surname;
3 the name of the town you live in;
4 the name of the last person you spoke to.

15 Küllakutse
An invitation

By the end of this lesson you should:

- know more about the correct case endings for verb objects
- be able to express questions involving alternatives
- recognize and use some passive forms of the verb

Piret teeb sööki 🔊

Piret has decided to invite Tõnu and Ago, on their arrival in Tartu, to have a meal with her and her relatives. She has offered to cook for them all

PIRET: Leida-tädi, las ma teen täna õhtul süüa. Sul on olnud raske tööpäev ning sa oled väsinud. Ma kutsusin Tõnu ja Ago külla ja neile peab midagi pakkuma. Las ma teen.

LEIDA: Aitäh, kulla Piret, aga mida me küll sööme? Leib ja sai said otsa, külmkapis on ainult väheke juustu ja vorsti, ja piima ja koort oleks ka vaja. Mine käi poes ära.

PIRET: Hea küll, ma lähen poodi. Kas midagi muud on ka vaja?

LEIDA: See sõltub sellest, mida sa tahad süüa teha. Aga võid ka ei ole, ja munad on otsas. Võta veel kümme muna ja üks pakk võid.

PIRET: Kas meil kohupiima on?

LEIDA: Ei ole. Too üks pakk.

PIRET: Oota natukene, ma kirjutan parem üles, mida meil vaja on. Muidu ma unustan ära! Nii et kaks leiba, üks sai, siis veel juustu, ja vorsti, kaks liitrit piima ja üks purk hapukoort, kümme muna ja pakk võid.

LEIDA: Aga missugust toitu sa oma külalistele teha tahaksid? Kas kala või liha? Kartuleid on ka vähevõitu.

PIRET: Kartuleid on meil küllalt, sest neid ma eile ostsin. Aga ühe kapsapea võiksin küll osta. Ja kala – võtan umbes kilo suitsukala, ühe suurema tüki.
LEIDA: Osta natuke rohkem, et meile piisaks ka homseks. Kui kala müüakse kaalu järgi, osta pooleist kilo.
PIRET: Hea küll. Kui kõik on ostetud, tulen tagasi ja hakkan süüa tegema.

Vocabulary

las	let (it be that . . .) (= *imp.* of **lase**)	**toit, toidu**	food
lasta	let	**vähevõitu**	a little, not enough
ning	and (also)	**liha, –**	meat
kulla	my dear	**küllalt**	enough
ots, -a	end	**kapsas, kapsa**	cabbage
kapp, kapi	cupboard	**kapsapea, –**	head of cabbage
külmkapp, -kapi	refrigerator	**kilo(gramm), -(grammi)**	kilo(gram)
vähe	a little	**suits, -u**	smoke
vähemalt	at least	**et**	so that
vorst, -i	sausage	**müüa**	sell
pood, poe	shop	**müüakse**	is sold
kohupiim, -a	curds, cottage cheese	**kaal, -u**	weight
muidu	otherwise	**järgi**	(*postp.*) according to, by

Language points

The object of the imperative verb

Too üks pakk!   Bring one packet!

We first encountered the imperative form of the verb in Lesson 2. The object of a verb in the imperative (command) mood takes the nominative case if it is countable. You will remember that in normal declarative sentences, the object appears in the genitive if it is 'definite' (finite and countable) and the partitive if it is indefinite (uncountable) or is preceded by a number or other quantifiers.

To refresh our memories, let us look at these contrasting examples:

Piret ostab paki võid.	Piret buys a packet (*definite*) of butter (*indefinite*).
Piret ostab võid.	Piret buys some butter (*indefinite*).
Piret ostab kaks pakki võid.	Piret buys two packets of butter (*preceded by quantifier*).

Now if we tell Piret to buy a packet of butter, or one packet of butter, or two packets of butter, look at the forms of the object:

Piret, osta pakk võid!	Piret, buy a packet of butter!
Piret, osta üks pakk võid!	Piret, buy one packet of butter!

In both of the examples above, the object **pakk** or **üks pakk** appears in the nominative, but **võid** is partitive 'of butter'. But as we know, plural numbers are followed by the partitive singular, so we get:

Piret, osta kaks pakki võid!	Piret, buy two packets of butter!

Here, **kaks** is nominative, but **pakki** and **võid** are both partitive. And if we were addressing more than one person, or using the polite form, we would use the same forms but say **ostke** instead of **osta**.

But as we know, some verbs cannot take 'total' objects, only partitive ones. This applies to the imperative as well:

Vaadake seda tükki. *(part.)*	Look at this piece.
Armastage oma sõpru.	Love your friends.

Kas . . . või

Kas kala või liha?	Fish or meat?

When we wish to express two possible alternatives or choices in a question, we can use the expression **kas . . . või**:

Kuhu sa tahad sõita – kas Otepääle või Elvasse?	Where do you want to travel to – Otepää or Elva?
Mida te suitsetate – kas sigarit või sigaretti?	What are you smoking – a cigar or a cigarette?

The passive or impersonal form (present tense)

Seda kala müüakse kaaluga. That fish is sold by weight.

The passive voice of the verb is the form that is used when there is no subject expressed – what is important is what happens to the object – in this case 'fish'. The present tense of the passive verb in Estonian is very regular and easy to form: as a general rule we simply add **-kse** to the **-da** infinitive of the verb. Some more examples:

Mida siin tehakse?	What is being done here? (*teha/tehakse*)
Kirikus lauldakse laule.	Songs are sung in church. (*laulda/lauldakse*)
Ust avatakse.	The door is being opened. (*avada/avatakse*)
Naerdakse.	People are laughing. (*naerda/naerdakse*)

But it would be more accurate to call this verb form impersonal rather than passive, as it has a slightly different usage than in English. An important difference is that it cannot take an agent: we cannot say 'The door is opened by Aunt Leida' using this form in Estonian; instead we use the normal active form of the verb and just change the word order: **Ukse avab Leida-tädi.**

On the other hand we can use this form for what in English would be expressed by an active verb with the general subject 'People' or 'They':

Siin juuakse veini.	People drink wine here.
Räägitakse, et see on hea film.	They say this is a good film.

The passive past participle

Kõik, mis vaja, on ostetud.	Everything necessary has been (= is) bought.
Piret on ostnud kõik, mis vaja.	Piret has bought everything necessary.

Comparing the two sentences above, we can see that the passive past participle is rather like the active past participle (**-nud**), except that the **-n-** of the ending changes to **-t-** or **-d-**. (The same rules apply here as for **-ke** and **-ge** in the imperative.) There is an additional point to remember, though: if the stem already ends in **-t**, as in the verb **osta**, we insert an extra **-e-** to separate the two **t**'s. Looking back to the examples we saw on the passive forms above, we can say:

Töö sai ära tehtud. The work was done.

Laulud on lauldud. The songs have been sung.

Uks on avatud. The door has been opened.

Exercise 1

Put the appropriate form of the phrase **see tükk** (this piece) into the following sentences:

1 Andke mulle _____.
2 Ma võtan _____.
3 Ma ei võta _____.
4 Vaadake _____.
5 Ma tahan _____.

Exercise 2

Piret goes off to the shop to buy her supplies for the dinner. At the fish counter she has the following exchange with the assistant. Fill in the appropriate forms.

1 PIRET: Ma palun (üks) haug (= pike).
2 MÜÜJA: (Missugune) ma annan, kas (suurem) või (väiksem)?
3 PIRET: Ükskõik (= all the same, doesn't matter). Andke (keskmine).
4 MÜÜJA: (Valida) (= choose) ise välja.
5 PIRET: Ma võtan (see tükk).
6 MÜÜJA: (See) kaalub (= weighs) üks kilo sada viiskümmend (gramm).
7 PIRET: Hea küll. Tänan. See on (kõik).
8 MÜÜJA: Palun. Palun (järgmine)!

Exercise 3

Answer these questions:
1. Mida Piret ostab? (use cases as appropriate)
2. Mida on Piretil vaja osta?
3. Mida Teil endal on vaja osta? Parem kirjutage üles!
4. Mis on Pireti tädil külmkapis?
5. Mis on Teie külmkapis?

Language in use

Below are a couple of recipes taken from an Estonian recipe book. See if you can understand the instructions – and if you like, why not try them out? A little vocabulary is provided here to help you.

Piimasupp köögiviljaga

1 liiter piima
4 klaasi vett
400 grammi kartuleid
100 grammi porgandeid
400 grammi lillkapsast
100 grammi rohelisi herneid
1 supilusikatäis võid
soola

1. Köögiviljad pesta, puhastada, koorida ja tükeldada.
2. Keeta pehmeks vees, millele on lisatud võid ja soola.
3. Lisada lahjendatud piimale.
4. Maitsestada soola ja võiga.

Vocabulary

supp, supi	soup	**lusikatäis**	spoonful
köök, köögi	kitchen	**sool, soola**	salt
vili, vilja	fruit, crop	**koorida**	peel
köögivili, -vilja	vegetable	**tükeldada**	cut (into pieces)
klaas, klaasi	glass	**keeta**	boil, cook
lillkapsas, -kapsa	cauliflower	**pehme, –**	soft
roheline, -lise	green	**lisada**	add
hernes, herne	pea	**lahjendada**	dilute, thin out
lusikas, -ka	spoon	**maitsestada**	flavour, give taste
supilusikas, -ka	table-spoon		

Exercise 4

The recipe above gives instructions in simple infinitives. Rewrite the recipe, changing these verb forms into present passive forms.

Exercise 5

The recipe below gives instructions in simple infinitives. Rewrite the recipe, changing the infinitives into the imperative singular: **Pese värsked seened kiiresti** ...

Praetud seened

600 grammi värskeid seeni
3 supilusikatäit rasva
1 sibul
3 supilusikat kuivikupuru

1 klaas piima
4 supilusikat hapukoort
valget pipart

1 Värsked seened pesta kiiresti ja kuivatada; kui on vajalik, siis kupatada.
2 Seened tükeldada, kuumutada rasvas, lisada sibul, siis kuivikupuru, kuumutada ning lisada piim.
3 Keeta.
4 Maitsestada hapukoore ja valge pipraga.
5 Serveerida keedetud või praetud kartulite ja toorsalatiga.

Vocabulary

praadida (*past passive part.* **praetud**)	fry	**kuivatada**	dry (*vb*)
		vajalik, -u	necessary
		kupatada	parboil, scald
rasv, -a	fat, grease	**kuum, -a**	hot
kuivik, -u	rusk, cracker, dry biscuit	**kuumutada**	heat
		serveerida	serve
puru, –	crumb	**toores, toore**	raw
valge, –	white	**salat, -i**	lettuce; salad
pipar, pipra	pepper	**toorsalat, -i**	green salad
kuiv, -a	dry (*adj.*)		

Revision: Lessons 11–15

Exercise 1

Put the words in brackets into the plural:

1 Kas vahetame oma naelad eesti (krooniks)?
2 Ta helistas paljudele (arstile).
3 Nad sõitsid (paadiga) merele.
4 (Võistlusest) võttis osa palju (sportlast).
5 Ma kuulsin oma (vennalt), et tädi sõidab välismaale.
6 Me tutvusime Ameerika (üliõpilasega).
7 Ta läks (panka).

Exercise 2

Change these past tense sentences into the perfect tense, using the correct form of **olla** and the active past participle **-nud**:

1 Ma laenasin talle palju raha.
2 Me ei käinud selles kinos.
3 Kas sa ei kuulnud, et ta linnast ära sõitis?
4 Me ei võtnud kunagi lapsi linna kaasa.
5 Me ei õppinud eesti keelt.
6 Kas nad käisid juba Piritral?
7 Me ujusime sageli selles jões.

Exercise 3

Translate into Estonian:

1 The food in the restaurant hadn't tasted (good) to him.
2 He had already felt bad yesterday.
3 Why had he not called the doctor?
4 The shoes had been tight for her.
5 They went to the bank to change money.
6 We haven't gone to look at the town yet.
7 He had not taken this room.

Exercise 4

Translate into Estonian:

1 I would write to him if I knew his address.
2 You wouldn't be late (jääda hiljaks) if you travelled faster.
3 I would have gone swimming today if the weather had been warmer.
4 They would have called a doctor if the patient (= haige) had wished it.
5 My brother would finish university if he studied well.
6 If the wind was big, I'd get seasick.
7 It would have been better if you hadn't forgotten it.

Exercise 5

What are the correct nouns formed from these verbs to describe an agent (**-ja**) and an action (**-mine**)?

1 kutsuda 'invite, call'
2 süüa 'eat'
3 käia 'go, visit'
4 saata 'send'
5 maksta 'pay'
6 teha 'do'
7 õppida 'study, learn'

16 Eesti kirjandus
Estonian literature

By the end of this lesson you should:
- know something of the history of Estonian literature
- recognize and use the passive forms in the past tense
- recognize and use the first person plural imperative ('let's')
- be able to write and punctuate dates

⚏

Eesti kirjanduse ajalugu algab rahvaluulega. Seda hakati üles kirjutama aga alles 19. sajandi algul, siis, kui soomlane Elias Lönnrot oli kogunud soome ja karjala rahvaluulet ning koostanud soome eepose *Kalevala*, mis tekitas ka Eestis eepose loomise mõtte. 1838. aastal rajati Tartus Õpetatud Eesti Selts. Seltsi liikmeteks olid peamiselt sakslased, sest eestlastel oli tol ajal väga vähe võimalusi saada kõrgemat haridust. Aga nende hulgas oli ka üks eestlane, Friedrich Robert Faehlmann (1798–1850), arstiteaduse doktor, kes tegeles eesti keele, rahvaluule ja ajaloo uurimisega. Faehlmanni surma järel jätkas Friedrich Reinhold Kreutzwald (1803–82) materjali kogumist ning lõi eestlaste oma eepose, *Kalevipoja*. Tsensuuri tõttu ei saadud algupärast *Kalevipoega* avaldada; kõik värsid, milles meenutati eestlaste vabadust ja nende minevikku, kärbiti. Täiendatud *Kalevipoeg* trükiti Õpetatud Eesti Seltsi väljaandena 1862. a. Kuopio linnas Soomes. *Kalevipoeg*, mis koosneb 20 laulust, on aluseks ka tänapäeva eesti kirjakeelele.

Vocabulary

rahvas, -va	folk, people, nation	luule(tus), -e	poem
luule, –	poetry	sajand, -i	century
		soomlane, -lase	Finn

koguda	collect, gather	uurimine, -mise	research
Karjala, –	Karelia	huvi, –	interest
karjala, –	Karelian	surm, -a	death
koostada	compose, compile	järel	(*postp.*) after, behind
eepos, -e	epic poem		
tekitada	originate, cause, provoke	jätkata	continue (*trans.*)
		materjal, -i	material
luua, looma (past: lõi)	create	tsensuur, -i	censorship
		tõttu	(*postp.*) because of, owing to
looming, -u	creation		
mõte, -tte	thought, idea	avaldada	publish
rajada	establish, found	algupärane, -rase	original
õpetatud	learned	kärpida	cut, slash, curtail
selts, -i	society	värss, värsi	verse, stanza
liige, liikme	member	meenutada	remind, recall
peamine, -mise	chief, main	vabadus, -e	freedom
sakslane, -lase	German (*n.*)	minevik, -u	past
hulk, hulga	quantity, amount, multitude	täiendada	improve, complete, supplement
nende hulgas	among them	trükkida	print
arstiteadus, -e	medical science	väljaanne, -jaande	publication
tegeleda	be occupied/ engaged in	koosneda	consist (of + *elat.*)
uurida	investigate, study	kirjakeel, -e	literary language

Language points

Dates and punctuation

In Lesson 8 we tackled the ordinal numbers and the months of the year. Let us now look at how to express dates.

Ordinal numbers in general, including years, are expressed in writing with a full stop after the number:

4. detsember	4th December
19. sajand	the 19th century
1838. aasta	the year 1838

Years given on their own are always written in this way, with the word **aasta** often abbreviated to **a.**.

In writing dates on their own, such as at the head of a letter, we simply use the nominative form of the month:

24. mai 1993

And the same applies, of course, if the date is the subject of the sentence (or the complement of the verb 'to be'):

Täna on esmaspäev, kahekümne neljas mai 1993 (tuhat üheksasada üheksakümmend kolm).

In the oblique cases, we decline the date accordingly, remembering that 'on' a date requires the adessive case in Estonian:

Ta on sündinud kaheksateistkümnendal novembril tuhat üheksasada viiskümmend neli.

She was (note that Estonian says 'is' of beings who are still living) born on 18th November 1954.

We can leave the year of the date undeclined, which is what Estonians usually do in conversation, or we can decline the year as well. If we do, because the year is then an ordinal number, we have to add **aastal** 'in the year' as well ('in the 1954th year'):

Ta on sündinud kaheksateistkümnendal novembril tuhande üheksasaja viiekümne neljandal aastal.

As you can see, when declined, it becomes quite a mouthful! But it is not as difficult as it might look at first glance, as it is only the last element of the number, **neljandal**, that is either in the ordinal form or the adessive case: the preceding elements are simply genitive forms of the cardinal numbers.

The past tense passive (positive)

19. sajandi algul hakati seda üles kirjutama. At the beginning of the nineteenth century people began to write it down.

In the previous lesson we met the present tense form of the passive (or impersonal) form of the verb, ending in **-kse**. The past tense of the passive is formed equally simply, by adding **-ti** to the stem of the **-da** infinitive.

Uks avati. The door was opened.

1838. aastal rajati Õpetatud Eesti Selts. The Estonian Learned Society was founded in 1838.

Värssides meenutati eestlaste vabadust. — In the verses there was a reminder of the Estonians' freedom.

The past tense passive (negative)

Tsensuuri tõttu ei saadud avaldada algupärast Kalevipoega. — Because of censorship it was not possible to publish the original Kalevipoeg.

The negative form of the past passive, on the other hand, is formed with the negative particle **ei** before the past passive participle of the verb, a form we met in the previous lesson, ending in **-tud** (or sometimes **-dud**).

Ust ei avatud. — The door was not opened.

Algupärast eepost ei trükitud Eestis. — The original epic was not printed in Estonia.

Eestlastele haridust ei antud. — For Estonians education was not provided.

More on the declension of non-Estonian names

In Lesson 14 we dealt with the declension of foreign proper names in Estonian. Many Estonians themselves have names of non-Estonian origin. Faehlmann and Kreutzwald, the compilers of the *Kalevipoeg* mentioned in the text here, were of Baltic German stock, for instance, and their names do not fit so easily into the Estonian declension pattern. As we have seen, foreign names ending in consonants generally add an **-i** for the genitive stem:

Faehlmanni surm — the death of F.
Kreutzwaldi töö — the work of Kr.
Lönnroti eepos — L.'s epic poem
Londoni tänavad — the streets of London

Exercise 1

Answer these questions:

1 Millal hakati eesti rahvaluulet koguma?
2 Millal rajati Õpetatud Eesti Selts?
3 Kes olid Eesti eepose loojad?
4 Mis oli *Kalevipoja* soome eelkäija (= predecessor) nimi?
5 Miks ei saadud *Kalevipoega* Eestis trükkida?

Nüüdisaegene eesti kirjandus 🎧

More recent Estonian literature

Lydia Koidula (1843–86) oli esimene tähtis eesti luuletaja. Ta kirjutas isamaalisi luuletusi, näiteks 'Igatsus', 'Enne surma Eestimaale' ja 'Mu isamaa on minu arm'. 20. sajandi algul oli eesti novelli ja romaani suurajajärk. Anton Hansen Tammsaare (1878–1940) kirjutas mitu suurt eesti romaani. Ka Friedebert Tuglas (1886–1971) oli tähtis kirjanik, kes kirjutas luuletusi, romaane, novelle ja muid teoseid, ning tõlkis ilukirjandust vene ja soome keelest. Juhan Liiv (1864–1913) oli selle perioodi tähtis luuletaja.
  Eesti kirjandus muutus tunduvalt pärast 1940. aastat, kui Eestist tehti väevõimuga Nõukogude Liidu vabariik. Kohe pärast sõda oli kirjanduses peamine sõjateematika, ja hiljem sotsialistlik riigikord, nagu teisteski sotsialistlikes riikides. Vahepeal oli kasvamas uus põlvkond kirjanikke. Nende hulgas mainigem proosakirjanike Mats Traati, Mati Unti, Arvo Valtonit, Jaan Krossi, ja Enn Vetemaad ning luuletajaid Jaan Kaplinskit, Debora Vaarandit, Paul-Eerik Rummot, Hando Runnelit ja Juhan Viidingut. Kahjuks on nende teoseid võõrkeeltesse suhteliselt vähe tõlgitud.

Vocabulary

luuletaja, –	poet	**tunduv, -a**	perceptible, appreciable
isamaa, –	native country, fatherland	**väevõim, -u**	force, violence
isamaaline, -lise	patriotic	**nõu, –**	advice, counsel, council
igatsus, -e	longing, yearning		
enne	(*prep.*) before	**nõukogu, –**	board, administrative council, Soviet
arm, -u	love, grace, mercy		
algul	at the beginning		
novell, -i	short story	**liit, liidu**	union
romaan, -i	novel	**Nõukogude Liit**	the Soviet Union
ajajärk, -gu	period, epoch	**vabariik, -riigi**	republic
teos, -e	work	**sõda, sõja**	war
tõlkida	translate	**peamine, -mise**	major, main
ilukirjandus, -e	fiction, creative literature	**temaatika, –**	subject, topic
		sotsiaalne, -se	social
vene	Russian	**struktuur, -i**	structure
periood, perioodi	period	**nagu**	as, like

sotsialistlik, -u	socialist (*adj.*)	põlv, -e	generation
riigikord, -korra	political system, regime	mainida	mention
		proosa, –	prose
maailm, -a	world	suhteline, -lise	relative
vahepeal	meanwhile	võõras, võõra	strange, foreign
kasvada	grow	võõrkeel, -e	foreign language
omapärane, -rase	original		

Language points

Making suggestions: the first person plural imperative

Mainigem proosakirjanikke. Let us mention the prose writers.

If we want to make suggestions in Estonian, we can use what we will call here the first person plural imperative, corresponding to 'Let us . . .' in English, which is formed simply by adding **-m** to the second person plural imperative form:

Makske!	Pay!
Makskem!	Let's pay!
Sööge!	Eat!
Söögem!	Let's eat!
Minge!	Go!
Lähme!	Let's go!

The negative of the first person plural imperative is the indicative form preceded by **ärgem** instead of **ärge**:

Ärgem makskem!	Let's not pay!
Ärgem söögem!	Let's not eat!
Ärgem mingem!	Let's not go!

(Note: These forms are rarely used in colloquial Estonian, instead we find simple imperative forms in positive sentences and **ärme** + simple imperative in negative ones.)

Exercise 2

Write out in full the years of birth and death of Tammsaare, Tuglas, and Liiv.

Exercise 3

How do you say in Estonian:

1 Let's buy a train ticket.
2 Let's sleep here tonight.
3 Let's have (= 'make') a sailing trip on Tallinn Bay!
4 Let's not worry about him, let's go without him!
5 Let's get acquainted.
6 Let's not go out in the rain today.
7 Let's eat!
8 Let's travel to Latvia!

Exercise 4

Write out in full:

1 24th July 1963
2 5th April 1185
3 27th November 1932
4 Lydia Koidula was born on 24th December 1843 and died on 11th August 1886.
5 Not until 1946 was she buried in Tallinn.
6 I've been waiting for my friend since 28th May, but I was told that she will be abroad until 11th June.
7 The shop was opened on 29th September 1993.

Reading passage

Lydia Koidula wrote much patriotic poetry which played an important part in the national awakening in the 19th century. Here is her best-known poem, the much-loved 'Mu isamaa on minu arm', which is sung to music written by the famous Estonian composer and conductor Gustav Ernesaks (1908–93). Though the language is rather archaic, you should be able to understand it without much difficulty.

Mu isamaa on minu arm
Mu isamaa on minu arm,
kell' südant andnud ma.
sull' laulan ma, mu ülem õnn,
mu õitsev Eestimaa!

Su valu südames mul keeb,
su õnn ja rõõm mind rõõmsaks teeb,
mu isamaa!

Mu isamaa on minu arm,
ei teda jäta ma,
ja peaks sada surma ma
seepärast surema!
Kas laimab võõra kadedus,
sa siiski elad südames,
mu isamaa!

Mu isamaa on minu arm,
ja tahan puhata,
su rüppe heidan unele,
mu püha Eestimaa!
Su linnud und mull' laulavad,
mu põrmust lilled õitsetad,
mu isamaa!

(1867)

Language in use

Imagine you are writing a letter to a close friend in Estonia. Let's suppose his name is Enn Tarm. His name and address (**aadress, -i**) on the envelope (**ümbrik, -u**) are, let's say:

```
Enn Tarm
Nurme 37-4
EE 2400 Tartu
Eesti
```

(In Soviet times, names and address were written in reverse order, as required on the preprinted Soviet envelopes, but Estonia has now gone over to the common Western style of addressing letters. Note the postcode: EE followed by four digits.)

You might begin your letter with your own address and the date, and a greeting such as **Tere Enn!** or, if you know him very well, perhaps **Kallis Enn!** (Estonians would not write 'Dear' unless they meant it!)

Then go on to write a couple of paragraphs of your own news. Here are some subjects you might mention:

– your current routine of work or study;
– health, perhaps a recent illness affecting you or your family;
– a holiday you are planning or have taken;
– an invitation to him to come to your country;
– public events in your own country;
– your progress in learning Estonian;
– your chances of visiting him;
– something funny that happened to you recently;
– a request for some Estonian books to read – or something else.

17 Kaubamajas
At a department store

By the end of this lesson you should:

- recognize and use the present active participle
- know the 'purposive' suffix **-miseks**
- be able to read an Estonian TV programme guide

○○

Eestis on rahaühikuteks kroon ja sent. Kõigepealt on välismaalasel tarvis oma raha kroonideks vahetada, alles siis saab minna kauplusse, kohvikusse või restorani. Tallinna ja Tartu suurimaks kakupluseks on kesklinnas asuv kaubamaja, väiksemaid on aga mujalgi palju. Kui külaline tahab midagi, on kaubamajades kõige rikkalikum valik.

Näiteks Tallinna Kaubamaja esimesel korrusel on majapidamistarbeid, lauanõusid, heliplaate, televiisoreid, raadioid ja spordivarustust. Teisel korrusel müüakse jalatseid ja naiste valmisrõivaid, kolmandel korrusel aga kangaid ja meeste valmisrõivaid.

Kõigis linnades ja külades on toiduainete kauplusi. Neist võib leida kaasavõtmiseks häid torte ja kompvekke. On olemas ka muid kauplusi, nende hulgas raamatukauplusi, elektritarvete kauplusi, jne. (= ja nii edasi).

Vocabulary

ühik, -u	unit	restoran, -i	restaurant
kõigepealt	first of all	asuda	be situated
välismaa, –	foreign (countries)	kaubandus, -e	trade, commerce
		keskus, -e	centre
vahetada	exchange	rikkalik, -u	abundant, rich
kauplus, -e	shop, store	valik, -u	choice, selection

majapidamine,		**varustus, -e**	equipment
-mise	housekeeping	**korrus, -e**	storey, floor
tarve, tarbe	need, want,	**rõivas, rõiva**	dress, garment
	requirement	**valmisrõivad**	ready-to-wear
majapidamis-			garments
tarbed	household goods	**küla, –**	village
nõu, –	vessel, dish	**toiduaine, –**	foodstuff
lauanõud	crockery	**kaasavõtmiseks**	for taking away,
heliplaat, -plaadi	(gramophone)		ready-made
	record	**tort, tordi**	cake, tart
raadio, –	radio (set)	**kompvek, -i**	sweet, confection
sport, spordi	sport	**elekter, -tri**	electricity

Language points

The present active participle -v

    Tallinna ja Tartu suurimaks   The biggest store in Tallinn and
    ** kaupluseks on kesklinnas**   Tartu is the department store
    asuv **kaubamaja.**   situated in the centre.

('the in the centre being-situated department store' – note different word order in Estonian.)

The ending **-v** added to the **-da** stem of a verb corresponds to the English present participle '-ing' when used in its adjectival sense, to qualify a noun. We have already met this ending, in fact, in words such as **meeldiv** 'pleasing', 'pleasant', **huvitav** 'interesting' and so on. In the last lesson we found it in Lydia Koidula's poem: **õitsev** 'flourishing'. Its genitive form is **-va** and it can be declined just like any adjective.

    Temal on väga huvitav amet.   She has a very interesting profession.

    See oli rõõmustav   It was a joyful meeting.
      kohtumine.

    Meie elame kiiresti   We live in a rapidly growing city.
      kasvavas linnas.

Compounds of adjectives and nouns

Teisel korrusel leidub naiste valmisrõivaid. On the second floor women's ready-to-wear clothes are found.

There are some cases where an adjective and a noun are combined in one word: **valmis** 'ready' + **rõivas** 'garment'. Other common examples include **vanalinn** 'Old Town' and **uusaasta** 'New Year'. Generally, though, adjectives and nouns cannot be freely combined.

The ending -miseks

Neist võib leida kaasavõt-miseks häid torte ja kompvekke. In them (*lit.*, from them) one can find nice cakes and confections to take away.

The ending **-miseks**, which is actually the translative case of the gerund (verbal noun) ending **-mine**, could be described as a sort of 'infinitive of purpose'. It means 'for the purpose of' the action indicated by the verb:

See raamat on eesti keele õppimiseks. This book is for learning Estonian.

Linnaga tutvumiseks on aega liiga vähe. There is too little time to get to know the town.

Mul pole vahetamiseks praegu piisavalt raha. I don't have enough money for changing just now.

Exercise 1

Complete the sentences below according to the model:

Kesklinnas asuv kauplus on see, mis asub kesklinnas.

1 Inglise keelt oskav inimene on see, _____.
2 Mägedes käivad turistid on need, _____.
3 Väga huvitav raamat on see, _____.
4 Aias mängiv laps on see, _____.
5 Jaamas ootav naine on see, _____.
6 Peatuses seisev buss on see, _____.
7 Koolis istuvad lapsed on need, _____.
8 Arstiteadust õppiv üliõpilane on see, _____.

Ago läheb kaubamajja

Ago visits a shop to buy some shirts

AGO: Tervist! Palun, kas teil on müüa siniseid särke?
MÜÜJANNA: On küll ja üsna suures valikus. Kas soovite villast või puuvillast?
AGO: Ma arvan, et villasest riidest, sest see on kõige soojem. Palun, kas te näitaksite mulle ühte?
MÜÜJANNA: Jah, palun. Ma soovitaksin seda, õrnalt ruudulist.
AGO: Jah, see võiks sobida küll.
MÜÜJANNA: Mis suurus teile läheb?
AGO: Nelikümmend. Jah, ma võtaksin selle, see sobib mulle.
MÜÜJANNA: Olge lahke. See särk maksab sada nelikümmend viis krooni. Palun makske sinna kassasse.

Vocabulary

müüa	for/on sale	**õrn, -a**	delicate
sinine, -ise	blue	**ruut, ruudu**	square, pane
soovitada	recommend		(here:) check

Note: The dialogue above is perhaps a bit idealized and more 'interactive' than a visitor to Estonia might actually encounter in the shops at the time of writing. Do not forget that the country is in the process of a difficult transition from over fifty years of a centralized command economy and distribution system which did not allow for much choice on the part of the customer or helpfulness on the part of the staff. Estonians are still getting used to the notions of consumers' choice and service that the average Westerner might expect.

Language points

Adverbs formed from passive verbs

Loodetavasti see sobib mulle. Hopefully (= I hope) it will fit me.

Adverbs like **loodetavasti** (from **loota** 'hope') are formed from the passive voice of the verb (**loodetakse** 'it is (to be) hoped') with the participial suffix **-av** and the usual adverb ending **-sti**. Similarly we have **nähtavasti** (from **näha** 'see') 'obviously, evidently', **oodatavasti** (from **oodata** 'expect') 'to be expected', and so on.

Feminine nouns

In the dialogue the female assistant was referred to as **müüjanna** rather than **müüja**. There are a number of names for occupations and positions held by women which can take distinctive feminine endings; it also applies to nationalities: **lauljanna** (female) singer; **tantsijanna** (female) dancer; **inglanna** Englishwoman. A variant feminine ending is **-tar**: **lauljatar, tantsijatar**.

Exercise 2

Retell the above dialogue in your own words in the past tense: (Example: **Ago läks kaubamajja ja küsis, kas nendel on müüa siniseid särke...**)

Language in use

Television in Estonia

Most Estonians who own a television set have access not only to the programmes of Estonian TV, but also Russian and Finnish channels. As they will have learned Russian at school, Russian television poses no comprehension problems for them. Because of the close geographical and linguistic proximity of Finland, and the good television reception of Finnish programmes, many Estonians also watch the television offerings from their northern neighbour, which increasingly many of them have visited. Therefore the Estonian newspapers usually list not only that day's programmes on Estonian television, but also those of the various Russian and Finnish networks. This is likely to take up an entire page of a newspaper! What we will look at here, though, is just the programmes of Estonian TV that are on offer on one day. Not necessarily a typical day, though – 24th February is Estonian Indepedence Day. See how much of it you understand. Again, a little vocabulary is provided to help you.

KOLMAPÄEV, 24. vebruar, ETV

7.20	Pidulik lipu heiskamine Toompeal		Ülekande lõpus Reklaam
7.50	RTV, ESTO '92, New York	17.00	Iseseisvuspäeva pidulik aktus ja kontsert
9.30	Luulejutt		'Estonia' kontserdisaalis
9.35	Iseseisvuspäeva pidulik jumalateenistus Toomkirikus	18.25	Ikka Liivist mõteldes
		18.45	AK
		19.00	LE: Valgus läbi aja
11.10	Sport ja isiksus. Erika Salumäe (ETV 1992)	19.30	Eesti õhuruumis (Polarfilm 1993)
12.00	Kaitsejõudude paraad Vabaduse väljakul	20.05	Mängib Piirivalveameti puhkpilliorkester
13.00	Artur Taska (ETF 1991)	20.20	ETF esilinastus: Diplomaadi saatus (1992)
13.20	Reklaam		
13.30	MM suusatamises. 15 km. vabastiilis (videolindilt)	21.00	AK
		21.25	Reklaam
14.15	Reklaam	21.30	Teateid tegelikkusest
14.20	MM suusatamises. Meeskondliku kahevõistluse hüpped, K–90.	22.00	Teatriõhtu. Lydia Koidula: Säärane mulk (Pärnu teater 'Endla')

Vocabulary

saade, saate	broadcast, transmission	iseseisvuspäev, -a	Independence Day (24 February, anniversary of declaration of independence in 1918)
saatekava, -	broadcast programme, transmission schedule		
reklaam, -i	advertising, advertisement	Jumal, -a	God
		teenistus, -e	service
jutt, jutu	tale	jumalateenistus, -e	divine service
lipp, lipu	flag	toomkirik, -u	cathedral
heisata	hoist	isiksus, -e	personality
iseseisvus, -e	independence	kaitse, –	defence

jõud, jõu	force	valgus, -e	light
paraad, -i	parade	läbi	(*prep.*) through
väljak, väljaku	square, place	ruum, -i	space
MM = Maailma	World Champion-	õhuruum, -i	air-space
Meistrivõitlused	ships	piir, -i	border
meister, -tri	master, champion	valve, –	guard
võistlus, -e	competition	amet, -i	office, department
stiil, -i	style	Piirivalveamet,	Border Guards'
vabastiil, -i	freestyle	-i	Department
meeskond,		puhkpill, -i	wind instrument
-konna	men's team	orkester, -tri	orchestra, band
hüpe, hüppe	jump	linastus, -e	screening, showing
lint, lindi	tape	esilinastus, -e	first showing,
videolint, -lindi	videotape		première
ülekanne, -kande	transmission, relay	diplomaat,	
aktus, -e	ceremony	-maadi	diplomat
'Estonia'	national theatre in	saatus, -e	fate, destiny
	Tallinn	teade, teate	(item of)
saal, -i	hall		information
AA = Aktuaalne	'Topical Camera'	tegelikkus, -kuse	actuality, reality
Kaamera	(current affairs	säärane, -rase	such (a)
	programme)	mulk, mulgi	peasant (from
mõteldes	thinking		Viljandi province)

Exercise 3

Answer these questions:

1 Mitu tundi saadab ETV saateid sellel päeval?
2 Missuguse saatega avatakse selle päeva saatekava?
3 Kas leidub (= Is there to be found) midagi lastele?
4 Missuguse saatega lõpeb päeva saatekava?
5 Mida näidatakse televiisoris kell 15.00?
6 Mis kell tuleb filmi esilinastus?
7 Missugust spordivõistlust näidatakse sellel päeval?
8 Miks on see päev nii pidulik?

18 Eesti novell

An Estonian short story

> By the end of this lesson you should:
> - know about sequence of tenses in Estonian
> - know how to use the suffix **-tu**
> - know more about word order
> - recognize and be able to use the impersonal imperative

Saunalaupäev ('Saturday in the Sauna') is a short story by the writer Mati Unt (b. 1944). It is given below in its entirety. Vocabulary will be found in the glossary at the back of the book.

SAUNALAUPÄEV

Tõnu oli tõesti väga paks mees. Olin ise alles üheksa-aastane ning uskusin oma lapsearuga, et see ongi maailma kõige paksem mees. Arvan, et sentimeeterrihm oleks talle vaevalt ümber ulatunud. Mehed istusid suure kase all ja jõid kaevurite päeva puhul viina. Nende hulgas ei olnud ühtki kaevurit, aga püha on püha. Naabritüdruk Tiina jooksis niisama ringi, tema veel ei joonud, oli alles väike, sama vana kui mina.[1] Tiina kohta öeldi harilikult, et ta on minu pruut. Mu jutt hakkas nüüd Tiina peale minema, aga mõeldud oli ta Tõnu kohta.[2] Parajasti istus Tõnu ka kase all ja jõi viina ning isa ütles, et varsti läheme kõik sauna. Kask, mille all nad istusid, oli hästi kõrge ja hämaruse saabumisel vaikis ta sahisemine. Naabri Ivi, Tiina vanem õde, hüüdis lehma koju ja Totsi möirgas võsast vastu, aga ikka ei tulnud. Tõnu ja teised mehed jõid oma viina ja möirgasid nii, nagu oleks naabri Ivi neid hüüdnud. Tiina silitas Tommi pead. Tommi oli meie koer. Tiina silitas ja Tommi ei hammustanud teda ega urisenud, oli vana koer, surigi aasta pärast lauta ära, aga mina siis veel ei teadnud, ja vaatasin Tiinat ja Tommit. Kui kell kümme lõi ja taevas tumeroheliseks muutus, tõusis Tõnu püsti ja ütles, et nüüd läheme sauna. Tiina jättis Tommi silitamise järele, aga ema ütles, et las mehed lähevad käivad ennem ära. Tiina silitas Tommit edasi, kuna Tõnu tõmbas oma püksid ülespoole kõhtu ja hakkas minema. Meie saun asub sügaval mäe all ja see mägi on väga järsk. Mina tahtsin ka minna, aga ema soovitas, et ärgu mingu – tallavad mu veel ära. Mina ei läinudki. Vaatasin, kuidas mehed mäest alla veerevad. Siis ütles ema, et mine paku Tiinale sõstraid. Põõsad juba punetasid marjadest ja pasknääride aeg polnud veel käes.[3] Aga meil oli ka tonte juba hulga olemas. Sõime neid marju ja Tiina suugi oli mahlast punane. Põsed muide ka. Ma ütlesin hästi tasakesi: 'Sul on suu punane.' Tema pühkis käsivarrega ära ja sõi edasi. Seal põõsaste vahel oli hämar ja soe. Taevas kumas veel pargi pool. Seal pargis oli hästi palju põlenud saksa autosid. Äkki kostis õue poolt hirmsat lõugamist. Läksime ruttu aiast välja ja vaatasime mäest alla sauna poole. Mehed mässasid sauna ukse ees, paar tükki olid täitsa alasti, ja isa hüüdis: 'Vaata kus kuradi tünn!' Siis saime aru, et paks Tõnu ei saa enam mäest üles. Kravtšenko ja Blumbergi poiss lükkasid tagant, isa tõmmas eest ja Tõnu ise kah rabeles, aga kasu polnud sellest kõigest üldse. Umbes minuti pärast istus Tõnu aia peale ja pühkis higi. 'Hea leil oli, aga nüüd ei saa enam mäest üles,' ütles ta. Siis kukkus ta koos aiaga maha. Mehed olid väga õnnetud ega osanud Tõnuga midagi teha. Blumbergi poiss ütles: 'Rahu – elu!' Nii olid metsavennad[4] öelnud, kui Aravu meiereist varastatud piimaga sõitma hakanud. Nüüd ütles Blumbergi poiss seda järele. Ta polnud kunagi metsavend olnud. Oli päris pimedaks läinud, kuud ei olnud, ainult tähed, ja Kravtšenko lõugas üles maja poole, et las perenaine toob laterna. Ema tuligi parajasti laternaga õue ja naeris algul Tõnu õnnetust. Siis tõi tule alla ja Tõnu märkas seda. Ta ütles: 'Andke andeks, aga ma olen alasti.' Selle peale ma nägin, et Tiina seisab ikka veel siin, ja ma mõtlesin, et tal võib külm olla, sest sel ajal tõusis jõest juba udu. Aga näe, ma ei teinud midagi, ainult jõudsin mõelda, sest Kravtšenko nõudis nüüd nööri. Tõime emaga lauda seina pealt nööri ja viisime selle alla. Tõnu oli nüüd palju vähem erutatud. Ta ajas juba roppu juttu, aga istus ikka veel maas, peaaegu nõgesepõõsas. Kui nõgestesse järsku istuda,[5] siis nad kõrvetavad. Kui aga aeglaselt istuda, siis võib juhtuda, et nad ei kõrvetagi. Isa võttis nööri ja nad sidusid selle Tõnule ümber kõhu. Blumbergi poiss pidi Tõnut seejuures natuke kergitama. Ja siis läks ägedaks vedamiseks. Tõnu ähkis väga ja ütles, et tal on kõdi. Aga mehed vedasid nagu burlakid Volgal,⁶ või nagu need, kes ühe teise pildi peal redist või peeti maa seest välja kisuvad. Kravtšenko ja Blumbergi poiss lükkasid tagant, meie vedasime kogu perekonnaga eest. Oma⁷ kümme minutit läks, siis oli mees ülal. Ise ütles ta, et iga päev nii küll ei saa, siis väsitab ära. Üks võõras poiss oli vahepeal sinna tulnud, see ütles vahele, et ega iga päev laupäev ole. Kõik jäid selle peale kole vaikseks. Naabri Ivi tuli ja ema läks naistega sauna. Tiina läks ka. Tommi tuli minu juurde ja lakkus mu kätt. Oli täiesti vaikne. Ainult kask sahises ülal kõrges pimedas. Võõras poiss seisis kase all. Tal oli imelik nägu.

Notes

1 **sama vana kui mina** 'the same age as I was'.
2 **Mu jutt ... Tõnu kohta** 'My story is now starting to be about Tiina, but it was meant to be about Tõnu.'
3 **polnud veel käes** 'was not yet at hand/had not yet arrived'.
4 **metsavennad** 'Forest Brethren': a partisan force which operated in all three Baltic countries for several years after the end of the Second World War, refusing to give in to the Soviet authorities.
5 **Kui nõgestesse järsku istuda** 'if you sit suddenly on nettles' (impersonal use of the infinitive).
6 **burlakid Volgal** 'boatmen on the Volga'.
7 **Oma** 'a whole'.

Language points

The impersonal imperative

Ema soovitas, et ärgu mingu. Mother recommended not to go.

In addition to the other forms of the imperative we have learned, there is another, impersonal one, expressing the idea 'Let ... (not) be done'. It has both positive and negative forms, and as you can see from the negative example here, it is formed simply by replacing the **-e** of the second person plural imperative (**ärge minge**, 'don't go') with **-u**. For example we can say:

Ta saatku see pakk mulle.	Let him send this package to me.
Ärgu ta seda pakki mulle saatku.	Let him not send this package to me.

Nad ostku uus auto. Let them buy a new car.

Ärgu nad ostku uut autot. Let them not buy a new car.

(Or 'May they . . . /May they not . . .')

There is another, simpler way of expressing virtually the same idea, but perhaps with a bit more immediacy, and that is to use **las** 'let' + the simple present tense (third person). We find an example of this in the story, when Kravtšenko cries out:

Las perenaine toob laterna. Let the lady of the house bring a lantern.

Sequence of tenses

Siis saime aru, et paks Tõnu ei *saa* enam mäest üles. Then we understood that fat Tõnu *wouldn't* get up the hill any more.

When talking in Estonian about something that happened in the past (as in the story above), it is usual to quote what was said using the present tense, even if the rest of the narrative is in the past tense – unlike English usage. There are a few more examples of this sequence of tenses in the story:

Selle peale ma nägin, et Tiina *seisab* ikka veel *siin*. Thereupon I saw that Tiina *was* still standing *there*. ('here' in Estonian)

Tõnu ähkis ja ütles, et tal *on* kõdi. Tõnu panted and said he *had* an itch.

The suffix -tu

Mehed olid väga õnnetud. The men were very unhappy.

The suffix **-tu** forms adjectives that negate nouns, and thus it may be seen as the opposite of the suffix **-line**.

õnn, õnne 'happiness, luck'; õnnelik 'happy, fortunate'; õnnetu 'unhappy, unfortunate'. Likewise nõu 'counsel'; nõutu 'perplexed, at a loss'; kodu 'home'; kodutu 'homeless', and so on.

More about word order

We noted briefly in Lesson 4 that Estonian word order is freer and more flexible than English. Now that you have a grasp of the grammatical structure of Estonian, you will see why this is so. Word order is basically the same in English and Estonian; that is, it follows the pattern Subject – Verb – Object in a main clause. Look at this example from the story:

Subject			Verb	Object	
Tõnu ja	***teised***	***mehed***	***jõid***	***oma***	***viina.***
Tõnu and	(the) other	men	drank	(their) own	vodka.

And if the verb in the sentence is 'to be', then the same applies to the order Subject – Verb – Complement:

Subject	Verb	Complement
Tommi	***oli***	***meie koer.***
Tommi	was	our dog.

And in many other ways, too, Estonian word order agrees with English: adjectives and numbers come before nouns, auxiliary verbs come before main verbs, and so forth. Generally speaking, there are varying degrees of freedom of movement for the various parts of speech: the freest to move are the adverbs and adverbial phrases, and the least free, of course, are the postpositions and prepositions, which must follow or precede a noun or pronoun.

Let us concentrate here on the ways in which Estonian word order can deviate from English usage, taking examples from the story. (If you are unsure of any of the grammatical terms used here, you can look them up in the Glossary of grammatical terms after the Key to the lessons.)

1 If a verb with a participle is followed by an adverb, the adverb generally comes between the auxiliary verb and the participle:

Sentimeeterrihm	**oleks**	**talle**	**vaevalt**	**ümber**	**ulatunud.**
Tape-measure	would	to him	hardly	around	have reached.
(Subject)	(Auxiliary verb)	(Indirect object)	(Adverbs)		(Participle)

2 For the sake of emphasis, some elements, such as participles, can be moved forward:

... aga	**mõeldud**	**oli**	**ta**	**Tõnu**	**kohta.**
... but	intended	was	it	Tõnu	about.

'... but it was intended to be about Tõnu.' (If we were speaking this sentence aloud, the emphasis would fall on the words **mõeldud** and **Tõnu**.)

3 Postpositions are not free to move at all, and must come even after relative pronouns:

Kask,	**mille**	**all**	**nad**	**istusid,...**
Birch,	which	under	they	sat,...

'The birch which they were sitting under ...'

4 If a subordinate clause comes first in a sentence and is introduced by a conjunction such as 'if' or 'when', the verb may move to the end of the clause, and the verb of the main clause may move to the beginning. Look at this example from the story:

Kui kell kümme lõi	**ja taevas**	**tumeroheliseks muutus,**
When clock ten struck	and sky	to dark-green changed,

tõusis	**Tõnu püsti ...**
rose	Tõnu up ...

'When the clock struck ten and the sky turned dark green, Tõnu stood up ...'

5 If an adverb comes first in the sentence, the verb follows it:

Äkki	**kostis**	**õue**	**poolt**	**hirmsat**	**lõugamist,...**
Suddenly	was heard	yard	from	terrible	roaring...

'Suddenly a terrible roaring was heard from the yard ...'

Ise 'self' counts as an adverb and behaves the same way:

Ise	**ütles**	**ta,**	**et ...**
Self	said	he	that ...

'He himself said that ...'

6 Adverbs are generally placed wherever they are needed for emphasis, and this is especially true of **ka** 'also', which can go almost anywhere:

Mina	**tahtsin**	**ka**	**minna.**
I	wanted	also	go.

'I wanted to go too.' (If the meaning had been 'I too wanted to go', then the Estonian would have been **Ka mina tahtsin minna**.)

Põsed	**muide**	**ka.**
Cheeks	by-the-way	also.

'Her cheeks too, by the way.'

7 The suffix **-gi/-ki** is also very movable, but is generally attached to either nouns or verbs:

Oli	**vana**	**koer,**	**surigi**	**aasta**	**pärast**	**lauta**	**ära.**
Was	old	dog,	died too	year	after	into-barn	away.

'He was an old dog, and he died too, a year later, in the barn.'

8 Sometimes two imperatives can occur together without 'and':
   Mine   paku   Tiinale   sõstraid.
   Go   offer   to Tiina   some currants.
   'Go and offer Tiina some currants.' (This is rather like American usage: 'Go offer . . .')
9 Sentences can occur apparently without a subject:
   Oli   täiesti   vaikne.
   Was   completely   silent.
   'It was completely silent.' (But since **oli** is the third-person form, it is obvious that 'it' is implied.)

Exercise 1

Answer the following questions about the text:

1 Missugune mees oli Tõnu?
2 Kes oli Tiina?
3 Kes oli Totsi?
4 Kes oli Tommi?
5 Kus asus perekonna saun?
6 Mida jutustaja (= narrator) koos Tiinaga tegi?
7 Mis oli pargis?
8 Miks Tõnu ei saanud mäest üles?
9 Kuhu istus Tõnu?
10 Mida teised mehed temaga tegid?
11 Mille tõi ema?
12 Kui palju aega läks, enne kui Tõnu üles sai?
13 Kes läks viimasena sauna?

19 Rongisõit
A train journey

By the end of this lesson you should:

- recognize and be able to use the participle **-(d)es**
- recognize and be able to use the suffix **-mata**
- know about the declension of ordinal numbers

Külastus Tõnu sugulaste juurde

Now it is Tõnu's turn to introduce Piret to his relatives. One weekend they decide to go together to Pärnu to meet his sister and her husband

Tõnu: Tere hommikust, Piret! Kas oled juba reisivalmis? Kas su kohver on asju täis?

Piret: Jah, minu kraam on kõik kohvris. Ma ei tunne mingit lõbu reisimisest, kui pean raskeid pakke tassima. Aga sina?

Tõnu: Jah, mul on väga kerge kohver. Võtan kaasa vaid hädavajalikud asjad.

Piret: Mis sul kohvris on?

Tõnu: Pardel, hambahari, hambapasta ja muu taoline kraam.

Piret: Oh, taevake! Ma oleksin enda omad maha unustanud! Need on mul veel vannitoas peegli all. Aga kas sul vihmamantel on? Täna tuleb kindlasti vihma.

Tõnu: Ei, mantlit mul ei ole. Ja vihmavarigi jäi kaasa võtmata. Täitsa unustasin. Aga nüüd ei ole enam aega talle järele minna. Peab minema.

Vocabulary

reisivalmis	ready to travel	hädavajalik, -u	necessary, indispensible
kohver, -ri	suitcase		
kraam, -i	stuff, things, luggage	pakkida	pack
		pardel, -dli	razor
mingi	some/any kind of	hari, harja	brush
lõbu, –	pleasure, enjoyment, fun	pasta, –	paste
		taoline, -lise	such
reisida	travel	taevake!	Heavens!
tassida	drag, lug	vann, -i	bath(tub)
asi, asja	thing	peegel, peegli	mirror
kaasa(s)	with you/one	täitsa	(= **täiesti**) completely
häda, –	trouble, emergency		

Language points

Phrases

Ma oleksin need *maha* unustanud.   I would have forgotten them. (= left them behind)

We have already discussed the function of 'adverbs of direction' such as **maha** (in lesson 14), and we know that they alter the force of the verb, sometimes quite subtly. Piret means here that she would have left them behind, rather than merely forgetting about the idea of them. **Maha** adds a certain concreteness and specificity to the expression. Note also the phrase **enda omad** 'my/your/one's . . . own' (plural).

The suffix -mata: 'omitting to do' something

Ja vihmavarigi jäi kaasa võtmata.   And the umbrella wasn't brought either (= 'stayed unbrought')

The suffix **-mata**, which is simply the abessive case suffix **-ta** added to the **-ma** infinitive, indicates what someone has 'omitted to do'. Other examples:

Lapsed jäid ilma söömata.   The children had nothing to eat.

Me unustasime paki saatmata. We forgot to send the packet.

Te jätsite sinna minemata.   You omitted to go there.

Raudteejaamas 🔊

The two friends arrive at the railway station

Tõnu:	Palun kaks piletit Pärnusse.
Piletimüüja:	Nelikümmend krooni, palun.
Tõnu:	Millal läheb järgmine rong?
Piletimüüja:	Kell kümme kakskümmend.
Tõnu:	Hea, siis on meil veel natuke aega. Lähme joome tassi kohvi.
Piret:	Oota üks hetk, ma tahan *Eesti Sõnumeid* osta. Rongis sõites ma tahaksin lehte lugeda.
Tõnu:	Aga vaata, meie rong on juba jaamas. Lähme ruttu!
Piret:	Sellest ei ole midagi, kell on alles kümme.
Tõnu:	Sa mine osta oma leht ja ma ootan siin. Siis lähme rongi peale.
Piret:	Kas meie piletitel on ka kohad märgitud?
Tõnu:	Jah, kolmandas kupees, kuueteistkümnes ja seitsmeteistkümnes istekoht.
Piret:	Kas me tagasi tuleme sama rongiga?
Tõnu:	Seda ma ei tea, sest möödunud korral ma sõitsin autoga.

Vocabulary

tass, tassi	cup	kiire, –	hurry
hääl, -e	voice	kupee, –	compartment
Eesti Sõnumeid	*Estonian News*: daily newspaper, official Party organ in Soviet times, now independent	istekoht, -koha	seat
		märkida	mark, note
		tulles	coming
		peatus, -e	stop, halt
		kord, korra	time, occasion

Language points

The present participle suffix -(d)es

Rongis sõites ma tahaksin lehte lugeda.   Riding on the train I'd like to read the paper.

When we describe one action that takes place at the same time as another, we can use another kind of present participle, which is formed by adding **-(d)es** to the **-da** infinitive stem. We can think of this as the 'while' participle:

Magades õppimisest ei tule midagi head.   No good will come of learning while sleeping.

Ta kirjutas kirja rongis sõites.   She wrote a letter while travelling on a train.

Me ajasime bussi oodates juttu.   We chatted while waiting for the bus.

As you can see from the example **tulles**, the stem of the verb undergoes the same changes for this participle as it does for the other verb participles. The subject of the two verbs need not of course be the same. In that case the subject that appears with the participle is in the genitive:

Ema tulles olid poisid kadunud.   When Mother came the boys had vanished.

Declension of ordinal numbers

Jah, kolmandas kupees, kuueteistkümnes ja seitsmeteistkümnes istekoht.   Yes, in the third coach, seats 16 and 17. ('16th and 17th seats')

We have already looked at the declension of ordinal numbers in connection with dates (lesson 16), and we have seen that the declension of ordinal numbers is relatively straightforward for the numbers up to ten; as with any other adjective, most of the case endings are formed from the genitive stem, which you have already seen for the ordinal numbers. More complex, though, is the declension of numbers above ten, because here the individual elements of the number all have to be declined in agreement. For the numbers 11 to 20 there is another thing to remember: the ending **-kümmend**, literally 'of ten', which is optional for the cardinal numbers – **üksteist(kümmend)**, **kaksteist(kümmend)**, and so on, is compulsory in the ordinal forms, and must also be declined. Only the element **-teist-** remains the same, as it is already the partitive case of **teine** 'other, second'. For complex numbers above a hundred, however, everything except the last element is put in the genitive. The example above is in the inessive case; let us look at examples in other cases:

Võta raamat neljandalt riiulilt. Take a book from the fourth shelf.

See juhtus kahekümne kuuendal veebruaril. It happened on 26th February.

Ootame kuueteistkümnenda kuupäevani. We are waiting until the 16th (day).

Arst külastab

When Piret gets back from her trip, she finds that Leida has put young Toomas to bed, as he has a temperature. Leida has called the doctor, and Piret receives him and takes him to Toomas.

ARST: Kas sa tunned end halvasti?
TOOMAS: Jah, mul on paha olla.
ARST: Mis viga on?
TOOMAS: Kurk valutab.
ARST: Tee suu lahti, ma vaatan su kurku. Jah, kurk on punane. Kas pea ka valutab?
TOOMAS: Natukene. Pea käib ringi ja ma olen väsinud.
ARST: Sul on vist palavik ka. Ma panen sulle kraadiklaasi.
TOOMAS: Ma tahan juua.
ARST: Kas sa süüa ei taha?
TOOMAS: Ei taha, mul ei ole isu. Ma tahan ainult juua.
PIRET: Hea küll, ma toon sulle sooja piima.

Vocabulary

mul on paha olla	I feel bad	**ringi käia**		swim, be dizzy	
kurk, kurgu	throat	**palavik, -u**		fever, temperature	
valutada	ache, hurt	**kraadiklaas, -i**		thermometer	
lahti teha	open	**isu, –**		hunger, appetite	

Exercise 1

Translate into Estonian:

1 He stopped (= **peatus**) in Tallinn while looking for his relatives.
2 I met her while waiting for a train.
3 We visited several shops when buying shoes.
4 While walking on the street Tõnu met his old friend Piret.
5 Looking at the picture, I recognized her.
6 When Mother (genitive) came the children were playing.

Exercise 2

Change the following sentences into participial constructions using **-(d)es**:

1 Kui me merel sõitsime, saime me külma.
2 Kui ma kirja kirjutasin, tegin ma vea.
3 Kui meie sõime restoranis lõunat, nägime me seal oma naabrit.
4 Kas sa tutvusid paljude välismaalastega, kui sa ülikoolis õppisid?
5 Kui nad kingi otsisid, käisid nad peaaegu kõigis kauplustes.
6 Kui ma maal elasin, käisin ma üsna sageli naabrite juures.

Exercise 3

Write out the following ordinal numbers in full: 17th, 505th, 844th, 19th, 683rd.

Language in use

Here is a newspaper item about a sporting event. Read it aloud, and write out the numbers in full. (The names for full stop and comma are **punkt** and **koma** respectively.) Extra vocabulary will be found in the glossary at the back of the book.

Nädalavahetuse keskseim spordisündmus Eestimaal oli Eesti – Läti kergejõustikumaavõistlus, mis lõppes meie koondise võiduga 370:314, 4 x 100 m. teatejooksus varises üks Eesti vanemaid rekordeid: Anu Kaljurand, Riina Suhotskaja, Ilona Rätsep ja Irina Vassiljeva läbisid staadioniringi 46,69 sekundiga. Ain Evard hüppas kõrgust 2.20 ja Aivo Mõttus kaugust 7.79. Aivar Ojastu võitis 440 m. 46,61-ga. Kahel alal oli võidukas Sirje Eichelmann – 1500 m-s 4.19,11 ja 3000 m-s. 9.21,65-ga.

20 Jõulud

Christmas

> By the end of this lesson you should:
> - know how to express reported speech
> - know the meanings of the word **kui**
> - be able to recognize suffixes in building words

Jõulud

At home with her relatives in Tartu, Piret is helping to prepare for Christmas now that the university term has ended. One cold December evening she is at home minding her little cousin Toomas

TOOMAS: Piret, kas varsti tulevad jõulud?
PIRET: Üsna varsti. On juba detsember, ja paari-kolme nädala pärast ongi jõulud käes. Siis tuleb jõuluvana.
TOOMAS: Aga kust jõuluvana tuleb?
PIRET: Ta sõidab saaniga kaugelt, kaugelt Põhjamaalt.
TOOMAS: Kuidas ta saab saaniga sõita? Lund ju ei ole.
PIRET: Küll selleks ajaks tuleb lumi maha. Jõuludeni on veel aega.
TOOMAS: Aga isa ütles, et lumi sulab ära, et ei jää maha jõuludeks. Ja siis ei tulegi jõuluvana.
PIRET: Ta tuleb siiski, ära muretse.
TOOMAS: Ta tuleb lennukiga, kui ei ole lund maas, eks ole?
PIRET: Jah, muidugi.

Just then the telephone rings. Piret answers it

PIRET: Hallo?
TÕNU: Tere! Siin Tõnu. Kuule, Piret, varsti on jõulud käes. Sinu jõuluvaheaeg on kindlasti juba alanud.

PIRET: On küll. Mis sul on plaanis?
TÕNU: Ma mõtlesin, et kui sul ei ole muid plaane, siis sa võib-olla tuleksid jõuludeks meie juurde.
PIRET: Aga Tõnu, ma olen jõulude ajal kodus oma perega. Igal aastal tuleb terve meie pere mu vanemate juurde kokku.
TÕNU: Ja mida te teete?
PIRET: Nagu kõigil, on ka meil traditsioonilised jõulud. Kui terve pere tuleb kokku, ja võib-olla veel mõned sugulased on meil jõuluõhtuks pidulaud kaetud.
TÕNU: Mida teie pool süüakse?
PIRET: Ikka hapukapsaid ja seapraadi, tavaliselt ka ahjukartuleid, ja sülti, ja, ja –
TÕNU: Nii nagu meilgi. Ja kui söömine ära lõpeb, siis tuleb jõuluvana.
PIRET: Ja lapsed jooksevad talle vastu.
TÕNU: Meil ka. Mu õe lapsed ootavad teda nii hirmsasti. Ma mäletan ka oma lapsepõlvest, kui kena see oli, kui jõuluvana koputas uksele, ning küsis, kas ta tohib sisse astuda, ja me lapsed jooksime talle vastu, et talle laulda ja temalt kinke saada.
TÕNU: Ja siis kui kingitused on jagatud, pakume jõuluvanale kohvi ja piparkooke.
PIRET: See on küll kena. Räägitakse, et jõuluvana polevat olemas, aga mina küll usun, et on!

Vocabulary

jõulud, -e (*pl.*)	Christmas, Yule	**katta**	cover, lay, set
jõuluvana, –	Father Christmas	**hapukapsas,**	
kust	from where, whence	**-kapsa**	sauerkraut, pickled cabbage
saan, -i	sleigh	**siga, sea**	pig
kauge, –	distant, far	**praad, prae**	roast
sulada	melt, thaw	**seapraad, -prae**	roast pork
siiski	anyway, nevertheless, even then	**tavaline, -lise**	usual
		ahi, ahju	oven, stove
lennuk, -i	aeroplane	**ahjukartulid**	roast potatoes
kuulda, kuulen	hear	**sült, süldi**	brawn, jellied meat
kokku	together		
traditsioon, -i	tradition	**lapsepõlv, -e**	childhood
traditsiooniline,		**kena, –**	fine, nice
-lise	traditional	**koputada**	knock, rap

tohtida, tohin	may, be allowed	**jagada**	distribute
pakikene	(*dim.* of **pakk**) little packet	**piparkook, -koogi**	gingerbread (biscuit)
kink/kingitus, -e	present, gift		

Language points

Reported speech: the 'quoting' mode

Räägitakse, et jõuluvana *polevat* olemas, aga mina küll usun, et on.	They say that Father Christmas doesn't exist, but I do believe he does.

We can report other people's speech in Estonian in the same way as we do in English (except that the tense may vary in Estonian):

Ta ütles, et ta tuleb täna õhtul.	He said that he was (= is) coming this evening.

However, when we wish to distance ourselves from the truth or falseness of a claim reported by someone else, we can use the 'quoting' mode of the verb in Estonian: the impression conveyed is suspended belief. The 'quoting' mode is formed simply by adding **-vat** to the **-ma** infinitive stem of the verb, and it is the same for all persons and numbers: **ma olevat, sa olevat, ta olevat** and so on. Further examples:

Kõne *algavat* viie minuuti pärast.	The speech *is supposed to start* in five minutes.
Tähtis filmitäht *tulevat* meie linna.	An important film star *is said to be coming* to our town.
Ma olen kuulnud, et Tartus *olevat* vana ülikool.	I have heard that *there is* an old university in Tartu.

Reported speech in the past tense can be expressed with **olevat** + past active participle **-nud**:

Sa *olevat* mulle juba rongipileti *ostnud*.	*They say* you *have* already *bought* a train ticket for me.
Nad *olevat* saanud kakskümmend krooni ühe naela eest.	*They say* they *have been getting* twenty crowns to the pound. (**nael, naela** = £)

Kogu perekond *olevat* sõitnud välismaale.
The whole family *is said to have gone* abroad.

The meanings of kui

Ta tuleb lennukiga, *kui* lund ei *ole* maas, eks ole?
He comes by aeroplane *if* there's no snow on the ground, doesn't he?

Ma mäletan, *kui* kena see oli, *kui* jõuluvana koputab uksele.
I remember *how* nice it is *when* Father Christmas knocks on the door.

Ma olen vanem *kui* teie.
I am older *than* you.

Mu sõber on sama vana *kui* mina.
My friend is as old *as* I am.

The various meanings of **kui** need not cause us any confusion, as we can nearly always tell from the context which meaning is intended from the several possibilities: 'if', 'when', 'how', 'than', 'as'. Remember not to confuse **kui** with similar words: **kuid**, which means 'but', **kuidas** 'how?', and **kuigi** 'although'.

Exercise 1

Translate into Estonian:

1 They say you've been telling lies about me again.
2 I hear she's been running round the town.
3 They say he wants a new flat.
4 They say you eat here often.
5 That film is supposed to be good.
6 They say you have a car that you haven't told me about.
7 I heard she's leaving him.
8 This food is said to be good for your health.
9 We heard that you ski every day.

Exercise 2

Substitute the verb in this sentence with those below:

Sa olevat eile meie pool maganud.

käia; töötada; süüa; oodata; suusatada.

Exercise 3

Which infinitive is appropriate in these sentences, the **-ma** or the **-da** infinitive? The **-da** form is given here in brackets. Change the forms where necessary.

1 Kas ta peab õues (mängida)?
2 Kas te armastate kinos (käia)?
3 Kas te lähete uut filmi (vaadata)?
4 Ma ei või palju kohvi (juua).
5 Mul ei ole aega (tulla).
6 Mu kõht on tühi, ma tahan (süüa).
7 Põrandat ei tohi (pesta).
8 On vaja kauplusesse (minna).
9 Tule minu juurde juttu (ajada).
10 Vihma hakkab (sadada).
11 Väga meeldiv teid siin (näha).

Word formation with suffixes

In the text above we encountered the word **pakikene** 'little packet', which is a diminutive of **pakk**. Diminutive endings are just one example of the many ways in which suffixes and other affixes enrich and add subtlety to the Estonian language. Here is a short list of some more examples, for reference:

Nouns

For an agent or a person:

-ja: **ehitaja** 'builder'; **õpetaja** 'teacher'
-ur: **kaevur** 'miner'; **sõdur** 'soldier'
-nik: **kunstnik** 'artist'; **elanik** 'resident'
-lane: **eestlane** 'Estonian'; **prantslane** 'Frenchman'
-line: **tööline** 'worker'; **abiline** 'assistant'
-ik: **isik** 'person'; **keemik** 'chemist'
-nna: **inglanna** 'Englishwoman'; **lauljanna** 'female singer'
-tar: **poolatar** 'Polish woman', **tantsijatar** 'female dancer'

For an instrument:

-ja: **raadiosaatja** 'radio transmitter'; **müürilõhkuja** 'battering-ram'

For an action or result of an action:

-mine: **elamine** 'living'; **õppimine** 'learning'
-us: **seadus** 'law'; **võitlus** 'combat'
-is: **keedis** 'jam, preserve'; **täidis** 'filling'
-e: **hüpe** 'jump'; **mõte** 'thought'
-ng: **istung** 'session'; **loeng** 'lecture'
-nd: **asend** 'position'; **erand** 'exception'

For a place, entity or grouping:

-la: **haigla** 'hospital'; **söökla** 'cafeteria'
-stik: **sõnastik** 'glossary'; **mäestik** 'mountain range'
-kond: **õhkkond** 'atmosphere'; **vesikond** 'river basin'
-istu: **järvistu** 'lake system'; **kalmistu** 'graveyard'
-ndik: **lagendik** 'plain'; **põlendik** 'burnt woodland'
-ndus: **kirjandus** 'literature'; **majandus** 'economy'
-ik: **kaasik** 'birch grove'; **madalik** 'lowland'

Diminutives (indicating smallness or affection):

-ke(ne): **lapseke(ne)** 'kid(die)'; **emake(ne)** 'mummy'
-u: **kiisu** 'pussy'; **poisu** 'laddie, sonny'

Adjectives

For presence or abundance of qualities:

-ne: **kuldne** 'golden'; **talvine** 'wintry'
-line: **keeleline** 'linguistic'; **tehniline** 'technical'
-lik: **lapselik** 'childish'; **piltlik** 'figurative'
-jas: **klaasjas** 'glassy'; **tuhkjas** 'ashen'
-kas: **andekas** 'talented'; **naljakas** 'jocular'
-lane ; **haiglane** 'sickly'; **kerglane** 'frivolous'

For absence of qualities:

-tu: **kasutu** 'useless'; **südametu** 'heartless'

Verbs

Expressing causation:

-ta-: **õpetada** 'teach'; **kasutada** 'use'

Expressing reflexivity or intransitiveness:

-u- or **-i-**: **pettuda** 'be disappointed'; **säilida** 'be preserved'

Expressing change of state:

-ne-: **areneda** 'develop'; **taganeda** 'recede, retreat'

Expressing frequency or repetition:

-el-: **kõnelda** 'chat'; **viljelda** 'cultivate'
-skle-: **mõtiskleda** 'meditate'; **otsiskleda** 'search around for'

Expressing reciprocity:

-el-/-le-: **kaubelda** 'trade, bargain'; **maadelda** 'wrestle'

Expressing momentariness:

-ata-: **haugatada** 'bark'; **karjatada** 'cry out'

Expressing continuity:

-tse-: **asetseda** 'be located'; **elutseda** 'be living'

Adverbs

Of manner:

-sti: **hästi** 'well'; **meelsasti** 'gladly'
-lt: **ausalt** 'honestly'; **häbematult** 'shamelessly'
-mini: **ilusamini** '(more) beautifully'; **õigemini** '(more) rightly'
-si: **ilmsi** 'really, in real life'; **jalgsi** 'on foot'

Of time:

-ti: **hommikuti** 'in the mornings'; **õhtuti** 'in the evenings'

Of place or position:

-li: **istuli** 'sitting'; **põlvili** 'on one's knees'
-kuti: **vastakuti** 'face to face'

Revision: Lessons 1–20

Exercise 1

Insert the correct case of the words in brackets:

1 Andke mulle (külm vesi)!
2 Tarvis on (uus ülikond) osta.
3 Me ootasime (arst) kogu päeva.
4 Kas sa viisid kirja (post)?
5 Ma tutvustan (teie) oma (sõber).
6 Palun tutvustage (mina) (tema).
7 Kas te olete (ise) juba pesnud?

Exercise 2

Put the verbs in brackets into the impersonal (a) present and (b) past tense:

1 Hommikul (juua) kohvi, õhtul teed.
2 Haigele (tuua) kohe arst.
3 Mis keelt seal (kõnelda)?
4 Mis ajal (süüa) Eestis õhtust?
5 Eestist (sõita) edasi Soome ja Rootsi.
6 Ärid (sulgeda) kell viis.
7 Millal (avada) se äri?

Exercise 3

Make the nouns in brackets feminine:

1 Ma pidasin teda (sakslaseks).
2 Ta on elukutselt (laulja).
3 Kas teie (sõber) on ka kohvikus?
4 Ta abiellus hiljuti ühe (prantslasega).
5 See (tantsija) on väga hea.
6 Kas teile meeldivad rohkem (eestlased) või (soomlased)?
7 See naine on kuulus (näitleja).

Exercise 4

Translate into Estonian:

1 Estonia is one of (= partitive) the youngest countries in Europe.
2 The most important work in Estonian literature in the 19th century was the epic *Kalevipoeg*.
3 Today we had the hottest day of the year.
4 I got for myself the most comfortable room in this hotel.
5 What is the highest mountain in (= of) Estonia?
6 This is the most expensive hotel in the whole town.
7 What is the oldest university in Europe?

Exercise 5

Put these sentences into reported (indirect) discourse:

1 See laps ei käi koolis.
2 Spordiseltsid korraldavad sel aastal palju võistlusi.
3 Onu ei laena talle raha.
4 Selles koolis õpib ka välismaalasi.
5 See kino kuulub ühele ameeriklasele.
6 Tema pea valutab.
7 Ta ei armasta oma naist.

Key to exercises

Lesson 1

Exercise 2

Sina elad Tartus.
Tema elab Tallinnas.
Meie elame Rakveres.
Teie elate Narvas.
Nemad elavad Eestis.

Sina töötad kaubamajas.
Tema töötab majas.
Meie töötame ülikoolis.
Teie töötate koolis.
Nemad töötavad Tallinnas.

Exercise 3

1 Kuidas Piret elab? 2 Tema elab hästi. 3 Kus tema õpib? 4 Tema õpib Tartu Ülikoolis. 5 Kus Tõnu töötab? 6 Tõnu töötab Tallinna Kaubamajas.

Exercise 4

1 Piret on noor naine. 2 Ta õpib Tartu Ülikoolis. 3 See on ülikoolilinn. 4 See asub Lõuna-Eestis. 5 Ta on noor mees. 6 Jah, ta on Pireti vana sõber. 7 Ta elab Tallinnas. 8 Ta elab ka Tallinas. 9 Jah, see on Eesti pealinn. 10 Pealinnas on kaubamaja. 11 Ta töötab kaubamajas.

Lesson 2

Exercise 1

mina palun	mina tean	mina tulen	mina räägin
sina palud	sina tead	sina tuled	sina räägid
tema palub	tema teab	tema tuleb	tema räägib

meie palume   meie teame   meie tuleme   meie räägime
teie palute   teie teate   teie tulete   teie räägite
nemad paluvad   nemad teavad   nemad tulevad   nemad räägivad

Exercise 2

1 Tõnu Tamme ei ole siin. 2 Piretit ei ole linnas. 3 Mina ei küsi, kus ta on. 4 Teda ei ole ka kodus. 5 Mina ei tule veel, tulen natuke hiljem.

Exercise 3

1 Meie ei tea seda kooli. 2 Tema ei tunne Tallinna. 3 Mina ei tunne kaubamaja. 4 Teie ei tea seda kauplust. 5 Mina ei tunne seda poissi.

Exercise 4

1 Ma lähen kuhugi. 2 Tõnu läheb kaubamajja. 3 Piret läheb linna. 4 Nad lähevad kinno. 5 Me ei lähe kuhugi. 6 Võib-olla ma lähen koju. 7 Ma mõtlen, et võib-olla läheme linna.

Exercise 5

A: Vabandage, kas te teate, kus Tõnu on?
B: Jah, ta tuleb varsti linna.
A: Ega te ei tea, kus ta on?
B: Ei, ma ei tea. Võib-olla ta on juba linnas.
A: Ei, ma tean, et ta ei ole seal.
B: Võib-olla ta on kaubamajas. Ma tean, et ta läheb täna kaubamajja.
A: Tänan, ma tulen natuke hiljem.

Exercise 6

1	Ma ei tunne Tallinna.		Me sõidame Tallinna.
2		Tartut.	Tartusse.
3		Pärnut.	Pärnusse.
4		Soomet.	Soome.
5		Lätit.	Lätti.
6		Leedut.	Leetu.
7		Niguliste kirikut.	Niguliste kirikusse.
8		Rootsit.	Rootsi.
9		Saksamaad.	Saksamaale.

Exercise 7

1 Ta elab oma isa ja ema juures. 2 Õhtuti on ta kodus. 3 Ta tahab näha Piretit. 4 Ta küsib, kas Piret tahab välja minna. 5 Nad lähevad kinno.

Lesson 3

Exercise 1

1 kaks kohvi ja viis saiakest. 2 kolm kohvi ja kaks võileiba. 3 viis kohvi ja neli saiakest. 4 üheksa klaasi piima. 5 neli tassi teed. 6 kolm musta kohvi. 7 seitse klaasi vett.

Exercise 2

mulle; sulle; Mulle; kohv; kreemikook; oli sinu meelest; väga; olin; väsinud; pean; elad; sõidad.

Exercise 3

1 Ma pean varsti koju minema. 2 Oma eesti sõbraga pead sa eesti keelt rääkima. 3 Seal peab olema ülikool. Ma pean teadma, kus see on. 4 Sina pead sageli meie kaubamajas käima. 5 Ma pean helistama koju, aga enne pean veel natukene ootama. 6 Meie sõbrad peavad inglise keelt õppima.

Exercise 4

1 Ta sõidab linnast linna. 2 Ma tulen varsti koju. Oota mind. 3 Sina olid seal kell kaheksa. Kus tema oli? 4 Tiina tuleb kinno koos sõbraga. 5 Ma ei tule koos teiega, olen liiga väsinud. 6 Ma tulen rongiga, aga võib-olla on kuue paiku liiga vara.

Exercise 6

1 Mina elasin Rakveres. 2 Ta helistas Pärnusse. 3 Poiss ootas kaua. 4 Film oli hea, ja väga huvitav ka. 5 Reis oli pikk, umbes seitse tundi. 6 Ma sõitsin bussiga Tallinnast Kohtla-Järvele. 7 Kas sinu meelest oli kohv hea?

Exercise 7

1 Jah, Tõnu tellib kohvi Piretilegi. 2 Jah, Piret joob kohvi koorega. 3 Jah, oli, aga ta oli liiga väsinud. 4 Ta peab Tartusse sõitma. 5 Ei, ta sõidab rongiga. 6 Tõnul on vaba päev. 7 Ei, ta ei tea seda. 8 Ago. 9 Jah, ka tema vend sõidab Tartusse. 10 Ta sõidab bussiga.

Language in use

1 reisirong. 2 hommikukohv. 3 kellaaeg. 4 meelerahu. 5 bussijaam.

Lesson 4

Exercise 1

Kell on: 1 üheksa. 2 kümme minutit üks läbi (üks ja kümme minutit). 3 kakskümmend viis minutit kaksteist läbi. 4 kolmteist minutit seitse läbi. 5 kakskümmend kaheksa minutit viis läbi. 6 pool seitse. 7 kolmveerand üheksa. 8 üksteist minutit kaksteist läbi.

Exercise 2

1 kuusteist. 2 kaheksakümmend neli. 3 üheksasada seitsekümmend kolm. 4 kakssada kolmkümmend kolm. 5 tuhat kaheksasada neliteist. 6 tuhat üheksasada üheksakümmend kaks.

Exercise 3

1 kakskümmend viis minutit seitse läbi. 2 veerand üheksa. 3 kell üheksa. 4 kell üks. 5 pool viis. 6 kakskümmend minutit viis läbi. 7 kell üksteist.

Exercise 4

1 Piret peab minema ülikooli. 2 Nad tahavad linna näha. 3 Pireti loeng lõpeb kell kolm. 4 Ta lubas neid oodata ülikooli peahoone ees. 5 Nad vaatavad umbes poolteist tundi Tartus ringi.

Exercise 5

1 Ma lähen ülikoolini. 2 Toomas ootab kaubamaja ees. 3 Ago tahab linnas ringi vaadata. 4 Kas ma võin sinult ülikooli kohta küsida? 5 Ma sõitsin kella poole kümneni. 6 Rong sõitis Tartuni. 7 Vaata! Nad läksid peahooneni! 8 Nende sõber oli neil vastas. 9 Nende sõbrad ootasid kella poole neljani.

Lesson 5

Exercise 1

1 Ei, tädi loeb raamatut. 2 Ei, onu loeb ajalehte. 3 Onu istub tugitoolis. 4 Tõnu ja Ago tulevad külla. 5 Jah, terve pere on kodus.

Exercise 2

1 Siin on mu vana sõber Toomas, kes tuli täna. 2 Kas sa juba loed mu raamatut? 3 Kas sa ei olegi veel magama läinud, väikemees? 4 Kes istub ja vaatab televiisorit? 5 Tere tulemast meie koju!

Exercise 3

1 Ära tule/Ärge tulge liiga vara! 2 Ära tõuse/Ärge tõuske homme hommikul! 3 Ära astu/Ärge astuge sisse! 4 Ära loe/Ärge lugege mu lehte! 5 Ära istu/Ärge istuge seal! Istu/Istuge siia kahe hea lapse juurde! 6 Ära sõida/Ärge sõitke koos Agoga Tartusse! Jää/Jääge Tallinna!

Revision (lessons 1–5)

Exercise 1

1 Kas sa oled (olnud) siin juba kaua? Kas sa ei ole siin kaua olnud? 2 Kas sinu sõber on ka siin? Kas sinu sõpra pole ka siin? 3 Kas sa oled juba söönud? Kas sa ei ole veel söönud? 4 Kas ta on teile linna näidanud? Kas ta ei ole teile linna näidanud? 5 Kas sa tunned Tartut? Kas sa ei tunne Tartut? 6 Kas siin on kaubamaja? Kas siin kaubamaja pole? 7 Kas sa oled täna kodus? Kas sind ei ole täna kodus?

Exercise 2

1 lähete. 2 käivad. 3 meeldib. 4 elate. 5 võime, soovite. 6 tunnen. 7 kirjutate.

Exercise 3

1 sa. 2 Me. 3 Ma. 4 Me. 5 nad. 6 Me. 7 Ma.

Exercise 4

1 Me ei pea täna ülikooli minema. 2 Me ei ela Tallinnas. 3 Mu vanem tütar ei käi lasteaias. 4 Ma ei armasta teda. 5 Me ei tunne linna ümbrust hästi. 6 Tädi ei tule meile jaama vastu. 7 Ta ei tule külasta meid homme.

Exercise 5

1 Tädi. 2 Venna. 3 Tartus. 4 Tallinnast. 5 Itaalias. 6 Itaaliasse. 7 kohvikust; tundi.

Lesson 6

Exercise 1

1 Halloo! 2 Jah, Peeter räägib. 3 Tere. 4 Ei ole. 5 Ta tuleb hiljem. 6 Teda ei ole ka kodus. 7 Ma ei tea. 8 Neid ei ole. 9 Olen. 10 Lähen kontserdile. 11 Kell kaheksa. 12 Nägemiseni!

Exercise 4

tööd; raamatud; raamatukogud; kinod; koolid; lasteaiad; tütred; tütarlapsed.

Exercise 5

1 Minu onu on veel noor, aga mu tädi on noorem. 2 Kas see on su vanem tütar? 3 Meie kool on natuke suurem kui teie kool. 4 Mul ei ole väiksemat õde. 5 Teil on suurem aed kui meil. 6 Üleeilne film oli veel pikem. 7 Iga päevaga lähevad loengud natuke kergemaks.

Lesson 7

Exercise 1

1 Ma ootasin sind poole üheksani. 2 Ta läks bussipeatuseni. 3 Kas te ootate mind? 4 Kas sa ootasid mind kolmveerand neli? 5 Ma ootasin sind (kuni) veerand viieni. 6 Sa võid mind oodata, aga ma ei tule siia. 7 Ma ei oota teda, ja teda ei ole siin ka.

Exercise 2

1 16.50. 2 12.00. 3 3.60. 4 17.50. 5 8.50. 6 18.00. 7 4.50. 8 16.00.

Exercise 3

1 Kaks. 2 18.50. 3 281. 4 Kolm tundi ja kakskümmend minutit. 5 Nelikümmend viis minutit. (Kolmveerand tundi.) 6 Kaks tundi ja neliteist minutit. 7 603. 8 19.36.

Lesson 8

Exercise 1

1 kolmeks kuuks. 2 üheks päevaks. 3 paariks tunniks. 4 pooleks aastaks. 5 pikaks ajaks.

Exercise 2

1 õpetajaks. 2 autojuhiks. 3 arstiks. 4 eraettevõtjaks/ärimeheks. 5 kohtunikuks.

Exercise 3

1 suveks. 2 koolivaheajaks. 3 pühapäevaks. 4 hetkeks. 5 kuueks tunniks. 6 seitsmeteistkümneks nädalaks.

Exercise 4

1 talveks. 2 laupäevaks. 3 tänaseks. 4 homseks. 5 järgmiseks aastaks.

Exercise 6

1 Ma käisin/käiksin linnas ringi. 2 Ma andsin/annaksin talle särgi. 3 Ma tõusin/tõuseksin juba kell kuus. 4 Me tahtsime/tahaksime koju minna. 5 Kas te sõitsite/sõidaksite linna? 6 Tema pesu sai/saaks mustaks. 7 Sa maksid/maksaksid talle liiga palju. 8 Ma tundsin/tunneksin seda meest hästi.

Lesson 9

Exercise 1

1 Pluus on saanud mustaks. 2 Ma olen vaadanud televiisorit. 3 Need kolm last on mänginud juba kaua. 4 Ta on otsustanud koju minna. 5 Me oleme ostnud palju rohkem kingi kui vaja. 6 Minu riietus on ikka sõltnud ilmast.

Exercise 2

1 pikemad, soojemad. 2 kõige suurem. 3 rohkem. 4 kõige ilusam. 5 paremad.

Exercise 3

1 tema *or* temaga. 2 minule. 3 teil; meiega. 4 nende. 5 Sellel; kellega. 6 mille. 7 nende.

Language in use

rohelise; punase; musta; valge; sinise; roosa; pruuni; kollase; halli.

Lesson 10

Exercise 1

huvitavam, igavam, ilusam, kaunim, kuulsam, paksem, pilvisem, raskem, suurem, tuulisem, tähtsam, uuem, vabam

Exercise 2

1 Kui ma oleksin teadnud, et sa tuled Tallinna, ma oleksin tulnud vastu. 2 Ma oleksin tahtnud sõita suveks Soome, aga on juba sügis.

3 Kui te ei oleks meid külla kutsunud, oleksime sõitnud mere äärde. 4 Me annaksime palju, kui me võiksime teiega rääkida. 5 Ei oleks sügis, kui ei sajaks vihma. 6 Eestis on päevad suvel pikad, ja talvel lühikesed. 7 Paluksin kaks kohvi ja kreemikoogi.

Exercise 3

Vihm suurema osa kohal Šotimaat ja osa Inglismaa ja Wales'i kohal läheb üle hoovihmadeks kuna selgem ja kuivem ilm liigub põhja poole. Põhja-Šotimaal jääb endiselt pilviseks ja vihmaseks, kuid Põhja-Iirimaal läheb ilm selgemaks ja päikeselisemaks. Hiljem läheb edelas pilve. Õhutemperatuur on Ida-Šotimaal 12 kraadi C ja Inglismaal 16 kraadi C.

Revision (lessons 6–10)

Exercise 1

1 pojale ülikonna. 2 mehelt kirja. 3 üliõpilasele. 4 lauale. 5 pakki isalt. 6 mäelt. 7 müüjale.

Exercise 2

1 Kas te joote kohvi piimaga või ilma piimata? 2 Me läksime koos sõbraga linna vaatama. 3 Millal te temaga tutvusite? 4 Me sõitsime rongiga maale. 5 Lapsed jäid täna ilma lõunata. 6 See tuba on ilma voodita. 7 Ta tuli meie poole ilma kingadeta.

Exercise 3

1 Rakverre kaheks nädalaks. 2 lapsena. 3 lõunaks, (kuni) kella neljani. 4 neljapäevaks. 5 müüjannaks kuni möödunud aastani. 6 tunniks ajaks. 7 homseks.

Exercise 4

1 Siin õppis palju üliõpilasi. 2 Kas te juba pesite? 3 Me käisime linnas koolis. 4 Kas õpilased kartsid seda õpetajat? 5 Kas sa tõusid täna hommikul vara? 6 Millal te välja tulite? 7 Kas sa ehitasid uue maja?

Exercise 5

1 kolmteist minutit neli läbi. 2 üksteist minutit kaks läbi. 3 kümme minutit üksteist läbi. 4 kolme minuti pärast kuus. 5 kahekümne kahe minuti pärast seitse. 6 üheksateist minutit kümme läbi. 7 pool üheksa.

Lesson 11

Exercise 1

1 mune, herneid, kooke. 2 kindaid, salle, särke. 3 musti kingi, vanu kirikuid, ilusaid parke. 4 kohvikuid, raamatukogusid, maju. 5 kohvreid, puuvilju, aluspükse.

Exercise 2

1 Ära osta/Ärge ostke. 2 Ära tee/Ärge tehke. 3 Ära vii/Ärge viige. 4 Ära karda/Ärge kartke. 5 Ära pane/Ärge pange. 6 Õmble/Õmmelge. 7 Unusta/Unustage.

Exercise 3

1 Osta endale mõned uued riided! 2 Ta ei rääkinud midagi endast. 3 Nad mõtlevad ainult iseendale. 4 Kas te ei oska end ise aidata? 5 Meie ise teame väga vähe oma maast. 6 Ta kirjutas selle ise.

Exercise 4

1 You're coming tomorrow, are you? 2 We're going home soon, aren't we? 3 We're going home, are we? 4 You have only a little money, haven't you? 5 The bus leaves at half past nine, doesn't it? 6 You've been to the shop already, have you? 7 You've been to the shop already, haven't you?

Lesson 12

Exercise 1

1 Kelleks sa noorena saada tahtsid? 2 Ma tahtsin saada rikkaks näitlejaks ja töötada kolm päeva nädalas. Ja kelleks sina tahtsid saada? 3 Mina tahtsin saada õpetajaks kolmetunnise tööpäevaga. 4 Mida sa tahad õppida? 5 Ma tahan õppida inseneriks.

Exercise 2

1 Ma ei tahtnud seda sööki süüa. 2 Me ei läinud kauplusse. 3 Sa ei olnud noorena väga ilus. 4 Vihm ei meeldinud mulle. 5 Kas te ei sõitnud rongiga Venemaale? 6 Ma ei teadnud, mida on vaja. 7 Ülikoolis ta ei õppinud majandusteadust. 8 Ma ei pannud raha taskusse. 9 Teie palk ei sõltnud haridusest.

Exercise 3

müüja, laulja, teenija, sõitja, jooksja, armastaja, tõlkija.

Language in use

1 Relatives of Voldemar Madisso. 2 Music teachers. 3 Organ, violin. 4 Three. 5 Beechwood. 6 A 'solo' guitar with amplifier. 7 A young man with knowledge of bookkeeping, banking and English. 8 Secretary-lawyer (English needed); District manager. 9 A child's bicycle with a yellow-green frame, with wider tyres than normal, on 31 September. 10 Every week, with a room in a high-quality seaside hotel, two meals per day, airline tickets, bus transfer, individual service. 11 The partner must pay for the court. 12 To value antique furniture. 13 Tiiu.

Lesson 13

Exercise 1

1 Minu onu Vello seisis kooli ees. 2 Paar kassi magas laua all. 3 Ma võtsin oma kohvri voodi alt välja enne reisi. 4 Keset linna on väike kirik. 5 Selle väikse kiriku lähedal kohtasin ma oma õemeest. 6 Enne kolmapäeva tahan ma sõita Helsingisse. 7 Raudteejaama kõrval on bussipeatus. 8 Kaks sõpra jalutas koos piki kallast. 9 Sinu tädi tuleb üle silla bussiga.

Exercise 2

kohanud; Piretil; venna; Tallinnas; instituudis; abikaasa; poeg; tütar; käi; juures; tahaks; on; juures; nädalas; möödunud; õe; Neil; kuhu; sellel; tagasi; ema; teiste; õemehe; ämm; üksmeelselt; kõik (koos); sõidab; peale; neil; Nende; käivad; igal; Enega; korjamas.

Exercise 4

1 Nad olid kõik saalis mängimas ja laulmas. 2 Minu onu on haige, ja ma arvan et ta on suremas. 3 Vabas Eestis on kasvamas terve uus põlvkond. 4 Ta on praegu Soomes käimas. 5 Ta käis Eestis eesti keelt õppimas.

Lesson 14

Exercise 1

1 käest. 2 ära/välja. 3 ära/maha. 4 vastu. 5 läbi. 6 kätte. 7 ümber. 8 maha. 9 üles. 10 ringi.

Exercise 2

1 Nüüd on kõige parem tuul. 2 Me peaksime saama kõige ilusama sõidu. 3 See on kindlasti kõige huvitavam. 4 Kaugelt tuleb kõige suurem laev. 5 Siit võin kogu Tallinna kõige paremini näha. 6 Siin merel on kõige suurem tuul. 7 Ma olen kõige suurema tuulega merel olnud. 8 Lähme rannast kõige kaugemale. 9 Kõige suurema tuulega jään ma merehaigeks.

Lesson 15

Exercise 1

1 see tükk. 2 selle tüki. 3 seda tükki. 4 seda tükki. 5 seda tükki.

Exercise 2

1 üks. 2 Missuguse, suurema, väiksema. 3 keskmine. 4 Valige. 5 selle tüki. 6 See, grammi. 7 kõik. 8 järgmine.

Exercise 4

Köögiviljad pestakse, puhastatakse, kooritakse ja tükeldatakse. Keedetakse pehmeks vees, millele on lisatud võid ja soola. Lisatakse lahjendatud piimale. Maitsestatakse soola ja võiga.

Exercise 5

Pese värsked seened kiiresti ja kuivata; kui on vajalik, siis kupata. Tükelda seened, kuumuta rasvas, lisa sibul, siis kuivikupuru; kuumuta ning lisa piim. Keeda. Maitsesta hapukoore ja valge pipraga. Serveeri keedetud või praetud kartulite ja toorsalatiga.

Revision (lessons 11–15)

Exercise 1

1 kroonideks. 2 arstidele. 3 paatidega. 4 Võistlustest, sportlasi. 5 vendadelt. 6 üliõpilastega. 7 pankadesse.

Exercise 2

1 Ma olen talle palju raha laenanud. 2 Me ei ole selles kinos käinud. 3 Kas sa ei ole kuulnud, et ta on linnast ära sõitnud? 4 Me ei ole kunagi lapsi linna kaasa võtnud. 5 Me ei ole eesti keelt õppinud. 6 Kas nad on juba PiritaI käinud? 7 Me oleme sageli selles jões ujunud.

Exercise 3

1 Toit restoranis ei olnud talle maitsnud. 2 Ta oli juba eile ennast halvasti tundnud. 3 Miks ta ei olnud arsti kutsunud? 4 Kingad olid talle kitsad olnud. 5 Nad läksid panka raha vahetama. 6 Me ei ole veel läinud linna vaatama. 7 Ta ei olnud seda tuba võtnud.

Exercise 4

1 Ma kirjutaksin talle, kui ta teaksin ta aadressi. 2 Sa ei jääks hiljaks, kui sa kiiremini sõidaksid. 3 Ma oleksin täna ujuma läinud, kui ilm oleks soojem olnud. 4 Nad oleksid arsti kutsunud, kui haige oleks seda soovinud. 5 Mu vend lõpetaks ülikooli, kui ta õpiks hästi. 6 Kui tuul oleks suur, jääksin ma merehaigeks. 7 Oleks olnud parem, kui sa ei oleks seda unustanud.

Exercise 5

1 kutsuja, kutsumine. 2 sööja, söömine. 3 käija, käimine. 4 saatja, saatmine. 5 maksja, maksmine. 6 tegija, tegemine. 7 õppija, õppimine.

Lesson 16

Exercise 1

1 19. sajandi algul. 2 1858. aastal. 3 Fr.R. Faehlmann ja Fr.R. Kreutzwald. 4 *Kalevala.* 5 Tsensuuri tõttu.

Exercise 2

Tammsaare: tuhat kaheksasada seitsekümmend kaheksa, tuhat üheksasada nelikümmend. Tuglas: tuhat kaheksasada kaheksakümmend kuus, tuhat üheksasada seitsekümmend üks. Liiv: tuhat kaheksasada kuuskümmend neli, tuhat üheksasada kolmteist.

Exercise 3

1 Ostkem rongipilet. 2 Magagem siin täna öösel. 3 Tehkem meresõit Tallinna lahel. 4 Ärgem muretsegem tema pärast, mingem ilma temata. 5 Saagem tuttavaks. 6 Ärgem mingem täna vihmaga välja. 7 Söögem! 8 Sõitkem Lätti!

Exercise 4

1 kahekümne neljas juuli tuhat üheksasada kuuskümmend kolm. 2 viies aprill tuhat ükssada kaheksakümmend viis. 3 kahekümne seitsmes november tuhat üheksasada kolmkümmend kaks. 4 Lydia Koidula sündis kahekümne neljandal detsembril tuhande kaheksasaja neljakümne kolmandal aastal ja suri üheteistkümnendal augustil tuhande kaheksasaja kaheksakümne kuuendal aastal. 5 Alles tuhande üheksasaja neljakümne kuuendal aastal maeti ta Tallinna. 6 Ma ootan oma sõpra kahekümne kaheksandast maist saadik, aga mulle räägiti, et ta on välismaal kuni üheteistkümnenda juunini. 7 Pood avatati kahekümne üheksandal septembril tuhande üheksasaja üheksakümne kolmandal aastal.

Lesson 17

Exercise 1

1 kes oskab inglise keelt. 2 kes käivad mägedes. 3 mis huvitab väga. 4 kes mängib aias. 5 kes ootab jaamas. 6 mis seisab peatuses. 7 kes istuvad koolis. 8 kes õpib arstiteadust.

Exercise 3

1 Kuusteist tundi (ja viisteist minutit). 2 Piduliku lipu heiskamisega. 3 Ei. 4 Teatri programmiga. 5 Spordiprogrammi suusatamisest. 6 Kell 20.20. 7 Maailma meistrivõistlusi suusatamises. 8 Sest see on Eesti iseseisvuse päev (24. veebruar).

Lesson 18

Exercise 1

1 Ta oli väga paks mees. 2 Tiina oli naabritüdruk. 3 Totsi oli lehm. 4 Tommi oli koer. 5 Saun asus sügaval mäe all. 6 Ta sõi marju. 7 Pargis oli palju põlenud saksa autosid. 8 Ta oli liiga paks. 9 Tõnu istus aia peale. 10 Nad vedasid teda nööriga. 11 Ema tõi laterna. 12 Kümme minutit. 13 Ema, Tiina ja teised naised.

Lesson 19

Exercise 1

1 Ta peatus Tallinnas oma sugulasi otsides. 2 Ma kohtasin teda rongi oodates. 3 Me käisime kingi ostes mitmes poes. 4 Tänaval kõndides kohtas Tõnu oma vana sõpra Piretit. 5 Pilti vaadates tundsin ta ära. 6 Ema tulles lapsed mängisid.

Exercise 2

1 Merel sõites saime me külma. 2 Kirja kirjutades tegin ma vea. 3 Restoranis lõunat süües nägime me seal oma naabrit. 4 Kas sa tutvusid ülikoolis õppides paljude välismaalastega? 5 Kingi otsides käisid nad peaaegu kõigis kauplustes. 6 Maal elades käisin ma üsna sageli naabrite juures.

Exercise 3

seitsmeteistkümnes, viiesaja viies, kaheksasaja neljakümne neljas, üheksateistkümnes, kuuesaja kaheksakümne kolmas.

Language in use

[370:314] kolmsada seitsekümmend: kolmsada neliteist (kümmend). [4 × 100 m.] neli kord sada meetrit. [46,69] nelikümmend kuus koma kuuskümmend üheksa. [2.20] kaks punkt kakskümmend. [7.79] seitse punkt seitsekümmend üheksa. [440 m.] nelisada nelikümmend meetrit. [46,61–ga] nelikümmend kuus koma kuuskümmend ühega. [1500 m-s] tuhande viiesajas meetris. [4.19,11] neli punkt üheksateist koma üksteist. [3000 m-s.]. [9.21, 65–ga] üheksa punkt kakskümmend üks koma kuuskümmend viiega.

Lesson 20

Exercise 1

1 Sa olevat minu peale jälle valetanud. 2 Ta olevat linnas ringi jooksnud. 3 Ta tahtvat uut korterit. 4 Sa söövat sageli siin. 5 See film olevat hea. 6 Sul olevat auto, millest sa ei ole mulle rääkinud. 7 Ta jätvat teda maha. 8 See toit olevat tervislik. 9 Sa suusatavat iga päev.

Exercise 2

käinud; töötanud; söönud; oodanud; suusatanud.

Exercise 3

1 mängima. 2 käia. 3 vaatama. 4 juua. 5 tulla. 6 süüa. 7 pesta. 8 minna. 9 ajama. 10 sadama. 11 näha.

Revision (lessons 1–20)

Exercise 1

1 külma vett. 2 uus ülikond. 3 arsti. 4 posti. 5 teid, sõbrale/ teile, sõpra. 6 mind, talle/ mulle, teda. 7 end.

Exercise 2

1 juuakse, joodi. 2 tuuakse, toodi. 3 kõneldakse, kõneldi. 4 süüakse, söödi. 5 sõidedakse, sõideti. 6 suletakse, suleti. 7 avatakse, avati.

Exercise 3

1 sakslannaks. 2 lauljanna. 3 sõbranna/sõbratar. 4 prantslannaga. 5 tantsijanna/tantsijatar. 6 eestlannad, soomlannad. 7 näitlejanna/näitlejatar.

Exercise 4

1 Eesti on üks Euroopa nooremaid maid. 2 Üheksateistkümnenda sajandi eesti kirjanduse kõige tähtsam teos oli eepos *Kalevipoeg*. 3 Täna oli meil aasta kõige kuumem päev. 4 Ma sain endale selle hotelli kõige mugavama toa. 5 Milline on Eesti kõige kõrgem mägi? 6 See on kõige kallim hotell terves linnas. 7 Milline on Euroopa kõige vanem ülikool?

Exercise 5

1 See laps ei käivat koolis. 2 Spordiseltsid korraldavat sel aastal palju võistlusi. 3 Onu ei laenavat talle raha. 4 Selles koolis õppivat ka välismaalasi. 5 See kino kuuluvat ühele ameeriklasele. 6 Ta pea valutavat. 7 Ta ei armastavat oma naist.

Ready-reference grammar

> The tables that follow are intended for reference purposes only; you are not expected to learn them by heart. They consist of:
> - a table of types of noun and adjective declensions, including the basic case endings on which all other case endings are based
> - a complete paradigm declension of an adjective with a noun
> - a complete paradigm verb conjugation, giving all forms

Table of types of noun and adjective declensions

('Gradation' refers to a change of quality or quantity in the final consonant of the stem)

Example	Characteristics	Genitive singular	Partitive sing., pl.	Plural affix
puu 'tree'	1 syllable, no gradation, long vowel: *aa*, *ee*, *õõ*, *uu*, *öö*, *ää*	**puu**	puud, puid	-de-, -it-
koi 'moth'	1 syllable, no gradation, diphthong or long vowel: *ii*, *üü*	**koi**	koid, koisid	-de-

Example	Characteristics	Genitive singular	Partitive sing., pl.	Plural affix
pesa 'nest'	2 syllables, no gradation, short stem vowel, *a*, *i*, *o*, *u* as final	pesa	pesa, pesasid	-de-
seminar 'seminar'	4 syllables in genitive, no gradation, ends in *um*, *on*, *er*, *ar*, *är*, *ov*	seminari	seminari, seminarisid	-de-
kõne 'speech'	2 syllables, no gradation, short stem vowel, ends in *e*	kõne	kõnet, kõnesid	-de-
tubli 'fine, good'	2 syllables, no gradation, consonant cluster in stem	tubli	tublit, tublisid	-de-
aasta 'year'	2 syllables, no gradation, long vowel/consonant	aasta	aastat, aastaid	-te-
number 'number'	2 syllables, no gradation, long cluster, ends in *el*, *er*, *en*, *em*, *ur*	numbri	numbrit, numbreid	-te-
õpik 'textbook'	3-syllable gen. stem, no gradation	õpiku	õpikut, õpikuid	-te-
soolane 'salty'	2 syllables, long or short stem vowel, no gradation, ends in *ne*, *s*	soolase	soolast, soolaseid	-te-
tööline 'worker'	2 or 3 syllables, long stem vowel, no gradation, ends in *ne*, *s* (*-line/-lane*)	töölise	töölist, töölisi	-te-

Example	Characteristics	Genitive singular	Partitive sing., pl.	Plural affix
raudne 'iron' (*adj.*)	2 syllables, long stem vowel, consonant precedes final *-ne*	**raudse**	**raudset, raudseid**	-te-
jalg 'leg, foot'	nom. 1 syllable, gen. 2 (gradation)	**jala**	**jalga, jalgu**	-de-
maastik 'landscape'	nom. in *-lik, -stik, -mik, -elm, -kond*	**maastiku**	**maastikku, maastikke**	-de-, -e-
rida 'row'	nom. 2 syllables, gen. 1 syllable; change in quality	**rea**	**rida, ridu**	-de-
jõgi 'river'	as above	**jõe**	**jõge, jõgesid**	-de-
sõber 'friend'	ends in *el, er, i*; gen. in weak, part. in strong grade	**sõbra**	**sõpra, sõpru**	-de-
keel 'tongue, language'	nom. long vowel + *l, m, n, r*	**keele**	**keelt, keeli**	-te-
käsi 'hand, arm'	nom. 2 syllables including *-s-*; change in quality	**käe**	**kätt, käsi**	-te-
uus 'new'	nom. 1 syllable ending in *-s*; change in quality	**uue**	**uut, uusi**	-te-
tütar 'daughter'	nom. weak, gen. strong grade, ends in *l, n, r*	**tütre**	**tütart, tütreid**	-de-
hammas 'tooth'	nom. weak, gen. strong grade, ends in *-s*	**hamba**	**hammast, hambaid**	-te-
mõte 'thought'	nom. weak, gen. strong grade, ends in *-e*	**mõtte**	**mõtet, mõtteid**	-te-

Example	Characteristics	Genitive singular	Partitive sing., pl.	Plural affix
liige 'member'	nom. weak, gen. strong grade, nom. ends in -*e*, gen. in -*me*	**liikme**	**liiget, liikmeid**	-te-

Model declensions with adjectives

uus auto 'new car', **sinine taevas** 'blue sky'

	Singular	*Plural*
Nominative	**uus auto, sinine taevas**	**uued autod, sinised taevad**
Genitive	**uue auto, sinise taeva**	**uute autode, siniste taevaste**
Partitive	**uut autot, sinist taevast**	**uusi autosid, siniseid taevaid**
Illative	**uuesse autosse, sinisesse taevasse**	**uutesse autodesse, sinistesse taevastesse**
Inessive	**uues autos, sinises taevas**	**uutes autodes, sinistes taevastes**
Elative	**uuest autost, sinisest taevast**	**uutest autodest, sinistest taevastest**
Allative	**uuele autole, sinisele taevale**	**uutele autodele, sinistele taevastele**
Adessive	**uuel autol, sinisel taeval**	**uutel autodel, sinistel taevastel**
Ablative	**uuelt autolt, siniselt taevalt**	**uutelt autodelt, sinistelt taevastelt**
Translative	**uueks autoks, siniseks taevaks**	**uuteks autodeks, sinisteks taevasteks**
Terminative	**uue autoni, sinise taevani**	**uute autodeni, siniste taevasteni**
Essive	**uue autona, sinise taevana**	**uute autodena, siniste taevastena**
Abessive	**uue autota, sinise taevata**	**uute autodeta, siniste taevasteta**
Comitative	**uue autoga, sinise taevaga**	**uute autodega, siniste taevastega**

Table of verb conjugation

Model: **paluda** 'request'

A. Personal verb forms

Indicative mood

Active voice

	Present positive	*Negative*
1 sing.	**ma palun**	**ma ei palu**
2	**sa palud**	**sa ei palu**
3	**ta palub**	**ta ei palu**
1 pl.	**me palume**	**me ei palu**
2	**te palute**	**te ei palu**
3	**nad paluvad**	**nad ei palu**

Imperfect positive	*Negative*
ma palusin	**ma ei palunud**
sa palusid	**sa ei palunud**
ta palus	**ta ei palunud**
me palusime	**me ei palunud**
te palusite	**te ei palunud**
nad palusid	**nad ei palunud**

Perfect positive	*Negative*
ma olen palunud	**ma ei ole palunud**
sa oled palunud	**sa ei ole palunud**
ta on palunud	**ta ei ole palunud**
me oleme palunud	**me ei ole palunud**
te olete palunud	**te ei ole palunud**
nad on palunud	**nad ei ole palunud**

Pluperfect positive	*Negative*
ma olin palunud	**ma ei olnud palunud**
sa olid palunud	**sa ei olnud palunud**
ta oli palunud	**ta ei olnud palunud**
me olime palunud	**me ei olnud palunud**
te olite palunud	**te ei olnud palunud**
nad olid palunud	**nad ei olnud palunud**

Passive/impersonal voice
Present positive: **palutakse**   Negative: **ei paluta**

Imperfect positive: **paluti** Negative: **ei palutud**
Perfect positive: **on palutud** Negative: **ei ole palutud**
Pluperfect positive: **oli palutud** Negative: **ei olnud palutud**

Conditional/subjunctive mood

Active voice
Present positive   *Negative*
ma paluksin   ma ei paluks
sa paluksid   sa ei paluks
ta paluks   ta ei paluks
me paluksime   me ei paluks
te paluksite   te ei paluks
nad paluksid   nad ei paluks

Perfect positive   *Negative*
ma oleksin palunud   ma ei oleks palunud
sa oleksid palunud   sa ei oleks palunud
ta oleks palunud   ta ei oleks palunud
me oleksime palunud   me ei oleks palunud
te oleksite palunud   te ei oleks palunud
nad oleksid palunud   nad ei oleks palunud

Oblique form: reported speech

Active voice
Present positive   *Negative*
ma paluvat   ma ei paluvat
sa paluvat   sa ei paluvat
ta paluvat   ta ei paluvat
me paluvat   me ei paluvat
te paluvat   te ei paluvat
nad paluvat   nad ei paluvat

Passive/impersonal voice
Present positive: **palutavat** Negative: **ei palutavat**
Perfect positive: **olevat palutud** Negative: **ei olevat palutud**

Imperative mood

Active voice
Present positive   *Negative*
2 sing. **palu**   **ära palu**
3   **palugu**   **ärgu palugu**

1 pl.	**palugem**	**ärgem palugem**
2	**paluge**	**ärge paluge**
3	**palugu**	**ärgu palugu**

Perfect positive
(3rd person) **olgu palunud**

Negative
ärgu olgu palunud

Passive voice
Present positive: **palutagu**   Negative: **ärgu palutagu**
Perfect positive: **olgu palutud**   Negative: **ärgu olgu palutud**

B. Nominal forms

-ma infinitive:
Illative	**paluma**
Inessive	**palumas**
Elative	**palumast**
Translative	**palumaks**
Abessive	**palumata**

-da infinitive:
Inessive	**paludes**

Present active participle: **paluv**
Past active participle: **palunud**

Present passive participle: **palutav**
Past passive participle: **palutud**

Gerund: **palumine**

Glossary of grammatical terms

This list of grammatical terms covers the basic terminology used in the Language Points in this book. The most basic elements of language are:

Sentence A complete utterance containing a finite verb. Sentences may be *statements*, *questions* or *exclamations*, and the punctuation mark at the end of the sentence – full stop, question mark or exclamation mark, will indicate which kind of sentence it is.

Clause A subsection of a sentence, containing a verb. Clauses may be either *main clauses* or *subordinate clauses*. A main clause is one which can stand alone as a complete utterance; a subordinate clause adds information to the main clause and refers back to or depends on it. Subordinate clauses are very often introduced by *conjunctions* of various kinds, such as 'when', 'if', 'that', 'and', 'or'. Example: *I was thinking* that you may be late. (Main clause 'I was thinking'; subordinate clause introduced by *that*.) Unlike English, Estonian always has a comma to separate a main clause from a subordinate one. For example, the preceding sentence would be: Ma mõtlesin, et sa võiksid hilineda.

Phrase Any group of words linked together by meaning and function in the sentence. 'Train' is a noun, but 'the freight train' is a noun phrase, for example.

Noun a word that names a thing or living being: for example 'train', 'baby', 'pillow', 'idea'.

Adjective a word that describes the quality of a thing: for example 'red', 'old', 'fast'.

Adverb A word that qualifies an adjective or a verb, such as 'quickly', 'now', 'lately', 'there'.

Pronoun A word which stands in place of a noun, such as 'he', 'you', 'it'.

Verb A word which describes an action, process or state, such as 'go', 'exist', 'travel'.

Preposition A word which comes before a noun to express a relationship in time or space, such as 'before', 'on', 'with'.

Conjunction A word which joins words, phrases or clauses or otherwise establishes a relationship between these elements, such as 'and', 'or', 'when', 'because'.

Postposition A word or particle placed after the word it modifies, such as '-ward' in homeward'.

Now let us look at the terms used in this book to refer more specifically to Estonian grammar. Because Estonian is what is called an *agglutinating* language (one which adds extra syllables or *suffixes* to the stem of a word to perform various grammatical functions rather than using separate words), we will look at the terms under the broad headings of *Nouns*, *Pronouns*, *Verbs* and *Adjectives*, as these are the stems to which most of the other elements are added.

Nouns

Nouns in Estonian have two *numbers*: singular and plural. They are also *declined* (modified) according to *case* by the addition of different suffixes to the stem. Below is a list of the Estonian cases with rough English equivalents of their meanings:

nominative the basic uninflected form, the subject of the sentence, the performer of the action of the verb
accusative the object of the action of the verb. There is no separate accusative case in Estonian; the direct object of the verb will be in the genitive or the partitive case depending on the nature of the verb
genitive indicates possession or having, equivalent to 'of' or the possessive *'s* in English

partitive	indicates that something is 'part of' something else, rather than total; equivalent to the 'of' in English *a bag of sugar*
illative	'into, to (the interior of)'
inessive	'in, inside'
elative	'from, about'
adessive	'on'. This case is also used to indicate the possessor in phrases equivalent to 'have' in English
allative	'to, for'
ablative	'from, out of'
translative	'into the form of'
terminative	'up to, until'
essive	'as'
abessive	'without'
comitative	'with'

Pronouns

These may be either
personal ('you, he, him')
demonstrative ('this, that')
interrogative ('which?, who?')
relative ('which, that'). All are declined in the same way as nouns.

Verbs

Verbs are *conjugated* (modified) according to *voice, person, tense, mood* and what we might call 'valency' (whether they are positive or negative).

Voice Can be either
active (performing an action) or
passive (being acted upon). Passive verbs are sometimes called *impersonal* in this book because a passive verb can never have a subject (performer of the action) in Estonian.

Person There are three persons – first ('I', 'we'), second ('you') and third ('he/she/it', 'they'). Each person can have either singular or plural *number*.

Tense In Estonian can be either
present (describing an action current at the time of the utterance);

past (or *imperfect*, describing something that took place prior to the time of the utterance);
perfect (describing something that 'has taken place');
or *pluperfect* (describing something that 'had taken place').

Mood The mood of a verb can be
indicative (describing action that is real); *subjunctive/conditional* (describing action that is putative or projected – where we use 'would/should/could' in English, and in clauses starting with 'if');
imperative commanding or ordering an action;
oblique or *reported* describing an action or state which is said to be the case but which the speaker does not necessarily believe.

All the verb forms described above are what we call *finite* – that is, they are limited in their function by the clause in which they are used. There are also *non-finite* forms, which are independent of any function in the clause, and they are:
infinitive the basic dictionary form of the verb, the 'to' form in English. In Estonian there are two infinitives (and different dictionaries list verbs differently): the **-da** infinitive, which corresponds to the infinitive in other languages; and the **-ma** infinitive, which we might call the 'infinitive of purpose';
gerund the verb used as a noun, such as 'sitting', 'being', 'living' in English.

Participles Verbs used in the function of adjectives, to qualify nouns. They are of four kinds: *present active* (such as 'seeing'); *present passive* (such as 'visible, to be seen'); *past active* ('having seen'); *past passive* ('having been seen'). Participles are used more frequently in Estonian than English.

Adjectives

In Estonian, adjectives are declined like nouns for number and case; they are said to *agree* with the nouns they qualify. This is true for all the noun cases except the last four listed above under *Nouns*.

Adjectives are also declined for *degree*. There are three degrees: *positive* (such as 'much'); *comparative* (such as 'more'); *superlative* (such as 'most').

Those **adverbs** that are formed from adjectives are also declined according to degree.

Estonian–English glossary

Nouns and adjectives are given in the nominative, genitive and partitive cases. Unless the stem of a noun or adjective changes in the genitive or partitive, ony the endings are given after the nominative form. A dash (–) indicates that the form is identical to the nominative. Verb infinitives are given in both the **-da** and **-ma** forms. On the basis of these, all other forms can be worked out.

aadress, -i, -i	address	**ajakiri, -kirja,**	magazine
aasta, - , -t	year	-kirja	
aastaaeg, -aja, -a	season	**ajakirjanik, -u,**	journalist
abielluda, -ma	marry, get married	-ku	
		ajal (postp.)	at the time of, during
abikaasa, - , -t	spouse, husband, wife	**ajaleht, -lehe,**	newspaper
abiline, -lise, -list	assistant	-lehte	
		ajaloolane, -lase, -last	historian
ader, adra, atra	plough	**ajalugu, -loo,**	history
aed, aia, -a	garden	-lugu	
aeg, aja, -a	time	**ajada, -ma**	drive
aeglane, -lase, -last	slow	**ajendada, -ma**	cause, provoke
aga	but, however	**aken, akna, -t**	window
ahi, ahju, ahju	stove	**aktus, -e, -t**	(public) ceremony
aidata, aitama	help		
aim, -u, -u	inkling, hint	**ala, - , -**	field, sphere
aine, -, -t	matter, stuff, subject	**alasti** (indeclinable)	naked
ainult	only		
aitäh!	thanks!	**alata, algama**	begin
ajajärk, -järgu, -järku	epoch, era	**alati**	always, ever
		algul	at first

algupärane, -se, -st	original	asi, asja, asja	thing, matter
alistuda, -uma	surrender	astuda, -ma	walk, join
all	below, under	asuda, -ma	be located, be found
alla	down	ateljee, -, -d	studio
alles	only, just, not until	au, -, -	honour
		august, -i, -it	August
alus, -e, -t	ground, base, foundation	ausalt	honestly
		ausammas, -samba, -sammast	monument
aluspüksid, -pükste, -pükse	underpants		
alussärk, -särgi, -särki	vest, undershirt	auto, -, -t	car
		avada, -ma	open
amet, -i, -it	post, profession	avaldada, -ma	express, declare, publish
ametnik, -u, -ku	official		
anda, andma	give	baas, -i, -i	base, basis
andekas, -ka, -kat	talented	baleriin, -i, -i	ballerina
andeks (indeclinable)	pardon	balti	Baltic
		Baltimaad	the Baltic countries
andmed, -mete, -meid (pl.)	particulars, information, data	buss, -i, -i (autobuss)	bus
appihüüd, -hüüu, -hüüdu	call for help	detsember, -bri, -brit	December
aprill, -i, -i	April	diplomaat, -maadi, -maati	diplomat
apteek, apteegi, -i	chemist's shop		
araabia	Arabian	doktor, -i, -it	(academic) doctor
arm, -u, -u	grace, mercy, love		
		dollar, -i, -it	dollar
armastada, -ma	love	ebaõnnestuda, -ma	fail
arst, -i, -i	doctor		
arstiteadus,-e,-t	medicine, medical science	edasi	forward, onward, on
aru, -, -	intellect, understanding	edel, -a, -at	south-west
		eelistada, -ma	prefer
(aru saada	understand)	eelkäija, -, -t	predecessor
arv, -u, -u	number, quantity	eelolev, -a, -t	coming, next
arvata, -ma	think, suppose	eepos, -e, -t	epic poem
arvestada, -ma	count, account	ees	(postp.) before, ahead, in front
arvuti, -, -t	computer		
asend, -i, -it	position	eest	(postp.) from before, from, for
asetseda, -ma	be located		

eesti	Estonian	ette	forward, ahead
Eesti, -, -t	Estonia	Euroopa, -, -t	Europe
eestlane, -lase, -last	Estonian (person)	film, -i, -i	film
		füüsika, -, -t	physics
ega	nor, and not	geograaf, -i, -i	geographer
ehitada, -ma	build	gramm, -i, -i	gram(me)
ehitaja, -, -t	builder	haarata, -ma	seize, grab
ehitis, -e, -t	building, edifice	haavata, -ma	wound
ehitus, -e, -t	building, construction	habe, -me, -t	beard
		haige, -, -t	sick; patient
ehk	perhaps	haigla, -, -t	hospital
ei	no, not	haiglane, -lase, -last	sickly
(ei midagi	nothing)		
eile	yesterday	hakata, hakkama	begin
eks	isn't that so?	halb, halva, -a	nasty, bad
elada, -ma	live, dwell	hall, -i, -i	grey
elamine, -mise, -mist	living	hall, -a, -a	hoarfrost
		hallo	hello
elanik, -u, -ku	resident	hambaarst, -i, -i	dentist
elekter, -tri, -trit	electricity	hammas, hamba, -t	tooth
elu, -, -	life		
elukutse, -, -t	trade, calling	hammustada, -ma	bite
elutuba, -toa, -	living room	hankida, -ma	obtain, procure
elutseda, -ma	be living	hapu, -, -t	sour, acid
ema, -, -	mother	hapukapsas, -kapsa, -t	sauerkraut, pickled cabbage
enam	more, longer		
enamik, -u, -ku	majority	hapukoor, -e, -t	sour cream
enamlane, -lase, -last	Bolshevik	hari, harja, harja	brush
		haridus, -e, -t	education
enne	before (prep.)	harilik, -u, -ku	usual, common
ennemini	before, rather	haug, -i, -i	pike
ennustada, -ma	predict, forecast	haukuda, -ma	bark
erinev, -a, -at	different, unlike	hea, -, -d	good
eraettevõtja, -, -t	businessman	hea meelega	willingly
erutada, -ma	arouse, stimulate	heisata, heiskama	hoist
esik, -u, -ut	entrance (hall)	heita, heitma	throw
esilinastus, -e, -t	first showing, premiere	heliplaat, -plaadi, -plaati	gramophone record
esimene, -mese, -mest	first	helistada, -ma	ring
		Helsingi, -, -t	Helsinki
esmaspäev, -a, -a	Monday	hernes, herne, -t	pea
et	that, in order to	hetk, -e, -e	moment

higi, -, -	sweat	Iirimaa, -, -d	Ireland
hiir, -e, -t	mouse	ikka	ever, always
hiline, -lise, -list	late	ilm, -a, -a	weather
hiljem	later	ilma	(prep.) without
hiljuti	lately	ilu, -, -	beauty
hind, hinna, -a	price	ilukirjandus, -e, -t	fiction
hirmus, hirmsa, hirmsat	terrible, awful	ilus, -a, -at	beautiful
hirv, -e, -e	red deer	imelik, -u, -ku	strange, odd
homme	tomorrow (adv.)	ind, innu, -u	ardour, enthusiasm
hommik, -u, -ut	morning	inetu, -, -t	ugly
hool, -e, -t	care	inglanna, -, -t	Englishwoman
hoone, -, -t	building, edifice	inglise	English
hoonestus, -e, -t	building	Inglismaa, -, -d	England
hotell, -i, -i	hotel	inimene, -mese, -mest	person
hulk, hulga, -a	amount, number, crowd	insener, -i, -i	engineer
hunt, hundi, -i	wolf	instituut, instituudi, -i	institute
huvi, -, -	interest	isa, -, -	father
huvitav, -a, -at	interesting	isamaa, -, -d	native country, fatherland
hõbe, -da, -dat	silver	isamaaline, -lise, -list	patriotic
häbematu, -, -t	shameless	ise, enda, end	self (gen. own)
häda, -, -	distress, trouble, emergency	iseseisvuda, -ma	become independent
hädavajalik, -u, -ku	necessary	iseseisvus, -e, -t	independence
hämar, -a, -at	dim, dusky	isik, -u, -ut	person
hämarus, -e, -t	dusk, twilight	isiksus, -e, -t	personality
härra, -, -t	gentleman, Mr.	iste, istme, -t	seat
hästi	well	istuda, -ma	sit
hävitada, -ma	destroy	istung, -i, -it	session
hääl, -e, -t	voice	isu, -, -	appetite, hunger
hääletada, -ma	vote	ja	and
häälik, -u, -ut	sound (phoneme)	jaam, -a, -a	station
hüpata, hüppama	jump	jaanuar, -i, -i	January
hüpe, hüppe, -t	jump	jagada, -ma	divide, distribute
hüüda, hüüdma	shout, call	jagu, jao, -	part, share
ida, -, -	east	jah	yes
iga, -, -	each, every	jakk, jaki, -i	jacket
igatsus, -e, -t	yearning, longing		
igav, -a, -at	tedious, dull		

jalats, -i, -it	(item of) footwear	järel	(postp.) after, behind
jalg, jala, jalga	foot, leg	järele	after, behind
jalgratas, -ratta, -t	bicycle	järgi	(postp.) according to
jalutada, -ma	walk, stroll	järgmine, -mise, -mist	next
joon, -e, -t	line		
joonestada, -ma	draw (technically)	järsk, järsu, -u	steep
		järsku	suddenly
joonestamine, -mise, -mist	drawing	järv, -e, -e	lake
		jätkata, -ma	continue
joosta, jooksma	run	jätta, jätma	leave
ju	indeed, after all, isn't that so	jääda, -ma	remain, stay, fall; get, become
juba	already	ka	also, too
juhataja, -, -t	teacher, master, mistress	kaal, -u, -u	weight
		kaaluda, -ma	weigh
juht, juhi, -i	driver, leader	kaasa	(along) with
juhtuda, -ma	happen	kaasas	with
julgeda, -ma	dare	kaasik, -u, -ut	birch grove
Jumal, -a, -at	God	kaaslane, -lase, -last	companion
Jumalaga	goodbye		
jumalateenistus, -e, -t	divine service	kabinet, -i, -ti	study
		kadedus, -e, -t	envy
jurist, -i, -i	lawyer	kaduda, -ma	vanish
just	just, exactly	kael, -a, -a	neck
jutt, jutu, -u	talk, conversation, story	kaevur, -i, -t	miner
		kagu, -, -	southeast
jutustada, -ma	tell, relate	kaheksa, -, -t	eight
juua, jooma	drink	kahetseda, -ma	regret, repent
juuli, -, -t	July	kahju, -, -	harm, damage
juuni, -, -t	June	kahjuks	unfortunately
juurde	(postp.) to	kaitse, -, -t	defence
juures	(postp.) at	kaks, kahe, kaht	two
juust, -u, -u	cheese	kala, -, -	fish
jõgi, jõe, jõge	river	kalender, -dri, -drit	calendar
jõud, jõu, -du	power, force		
jõuda, jõudma	be able, manage, have time to	kallas, kalda, -t	shore
		kallis, kalli, -t	dear, expensive
jõulud, -e, jõule	Christmas	kampsun, -i, -it	jumper, sweater
Jõuluvana, -, -	Father Christmas	kana, -, -	hen
jälle	again	kanda, kandma	carry

kangas, kanga, -t	cloth, textile	keha, -, -	body
kapp, kapi, -i	cupboard	kehaline, -lise, -list	physical
kapsas, kapsa, -t	cabbage		
karjala	Karelian	kell, -a, -a	bell, clock
karjatada, -ma	cry out, scream	kelm, -i, -i	rogue, rascal
karta, kartma	fear	kena, -, -	nice, fine, pretty
kartul, -i, -it	potato	kerge, -, -t	light, easy
kas	? (interrogative); either	kergejõustiku- võistlused	athletic competition
kask, kase, -e	birch	kergitada, -ma	raise, lift
kass, -i, -i	cat	kerglane, -lase, -last	frivolous
kassiir, -i, -i	cashier		
kasu, -, -	use	kes, kelle, keda	who
kasutada, -ma	use	keset	in the middle of (prep.)
kasvada, -ma	grow		
katse, -, -t	attempt	keskkool, -i, -i	secondary school
katta, katma	cover	keskmine, -mise, -mist	medium, average
kaubamaja, -, -	department store		
kaubandus, -e, -t	trade, commerce	keskne, -se, -set	central
kaubatee, -, -d	trade route	keskpäev, -a, -a	midday, noon
kaubelda, kauplema	trade, bargain	keskus, -e, -t	centre
		kesköö, -, -d	midnight
kaubitseda, -ma	trade, traffic	kevad, -e, -et	spring
kauge, -, -t	distant, far	kiire, -, -t	quick, urgent, hurrying
kaugus, -e, -t	distance		
kaunis, kauni, -t	pretty, fair(ly)	kiirus, -e, -t	speed
kaup, kauba, -a	commodity, bargain	kilo(gramm), -i, -i	kilogram(me)
kauplus, -e, -t	shop, store	kimp, kimbu, kimpu	bundle
kava, -, -	plan, schedule		
keeda, keema	boil (intrans.)	kindel, kindla, kindlat	sure, certain
keedis, -e, -t	jam, preserve		
keel, -e, -t	tongue, language	kindral, -i, -it	general (n.)
keelata, -ma	forbid, prohibit	king, -a, -a	shoe
keeleline, -lise, -list	linguistic	kingitus, -e, -t	present, gift
		kinnas, kinda, -t	glove, mitten
keemia, -, -t	chemistry	kinni	fast, fixed, closed (adv.)
keemik, -u, -ut	chemist		
keemiline, -lise, -list	chemical	kino, -, -	cinema
		kiri, kirja, kirja	letter
keerata, -ma	turn, wind	kirik, -u, -kut	church
keeta, keetma	boil (trans.)	kirjakeel, -e, -t	literary language

kirjalik, -u, -ku	written	
kirjandus, -e, -t	literature	
kirjanik, -u, -ku	writer, author	
kirjutada, -ma	write	
kirjutus, -e, -t	writing	
kirre, kirde, -t	northeast	
kisa, -, -	shout, outcry	
kiskuda, -ma	pull, tear	
kitsas, kitsa, -t	narrow, tight	
klaas, -i, -i	glass	
klassikaline, -lise, -list	classical	
kleit, kleidi, -i	dress	
klooster, -tri, -trit	monastery, convent	
kodanlus, -e, -t	bourgeoisie	
kodu, -, -	home	
koer, -a, -a	dog	
kogu, -, -	all, whole	
koguda, -ma	collect, gather	
kohalt	(postp.) from above	
kohata, kohtama	meet	
kohe	immediately, at once	
koht, koha, -a	place	
kohta	(postp.) about, concerning	
kohtunik, -u, -ku	judge	
kohupiim, -a, -a	curds, cottage cheese	
kohv, -i, -i	coffee	
kohver, -vri, -vrit	case, trunk	
koi, -, -d	moth	
koju	(to) home	
kokku	together	
kokkulepe, -leppe, -t	agreement, understanding	
kole, -da, -dat	horrible, terrible	
kolida, -ma	move, migrate	
kollane, -lase, -last	yellow	
kolm, -e, -e	three	
kolmapäev, -a, -a	Wednesday	
kolmas, kolmanda, kolmandat	third	
kolmveerand	three-quarters, a quarter to	
komandeering, -u, -ut	mission, business trip	
komme, kombe, -t	way, custom	
kompott, kompoti, -i	stewed fruit, compote	
kompvek, -i, -ki	candy, sweet	
komöödia, -, -t	comedy	
konstitutsioon, -i, -i	constitution	
kontrollida, -ma	check	
kontsert, kontserdi, -i	concert	
kook, koogi, -i	cake	
kool, -i, -i	school	
koondis, -e, -t	team	
kooperatiiv, -i, -i	co-operative (society)	
koor, -e, -t	cream; skin, rind	
koorida, -ma	peel	
koos	together	
koosneda, -ma	consist	
koosolek, -u, -ut	meeting, gathering	
koostada, -ma	compose, compile	
koputada, -ma	knock, rap	
kord, korra, -a	order, system, layer, storey, time	
kord	once (one time)	
korjata, -ma	gather, collect	
korral	(postp.) in case	
korraldada, -ma	arrange	
korrus, -e, -t	storey, floor	
korter, -i, -it	flat, apartment	

kosta, kostma	answer, reply	kupatada, -ma	parboil, scald
kostüüm, -i, -i	(suit) dress	kupee, -, -d	compartment
kott, koti, -i	bag, sack	kurat, kuradi, kuradit	devil
kraad, -i, -i	degree		
kraadiklaas, -i, -i	thermometer	kurb, kurva, -a	sad
kraam, -i, -i	stuff, things	kurk, kurgi, -i	cucumber
kreem, -i, -i	(whipped) cream	kurk, kurgu, -u	throat
kriminaalne, -se, -set	criminal	kus	where
		kust	whence, from where
kroon, -i, -i	crown (Estonian currency)	kutse, -, -t	call(ing), invitation
Kroonlinn, -a, -a	Kronstadt		
kuhu	whither, where to	kutsuda, -ma	call, invite
		kuu, -, -d	moon, month
kuhugi	(to) somewhere	kuulda, -ma	hear
kui	when, if, how; than	kuuluda, -ma	belong
		kuulus, kuulsa, kuulsat	famous
kuid	but		
kuidas	how	kuulutada, -ma	announce
kuigi	although	kuulutus, -e, -t	announcement
kuiv, -a, -a	dry	kuum, -a, -a	hot
kuivatada, -ma	dry	kuumutada, -ma	heat (up)
kujundus, -e, -t	shaping, management	kuus, kuue, kuut	six
		kõdi, -, -	tickle
kujuneda, -ma	take shape, form	kõht, kõhu, -u	stomach, belly
kukkuda, -ma	fail, fall	kõigepealt	first of all
kuld, kulla, -a	gold	kõik, kõige, -e	all
kuldne, -se, -set	golden	kõikjal	everywhere
kulinaaria, -, -t	grocery shop	kõikuda, -ma	waver, sway, rock
kultuur, -i, -i	culture		
kumada, -ma	gleam, glow	kõndida, -ma	walk
kumm, -i, -i	rubber	kõne, -, -t	speech, talk
kummisäärik, -u, -kut	rubber boot	kõnelda, -ema	speak, talk
		kõrge, -, -t	high, tall
kuna	while, when, as	kõrgus, -e, -t	height
kunagi	once, ever	kõrval	(postp.) beside
kuni	until	kõrvetada, -ma	burn, singe
kuningas, kuninga, kuningat	king	kõva, -, -	hard
		käes	in hand, present
		käest	(postp.) from
kunst, -i, -i	art	käia, käima	go, walk, visit
kunstnik, -u, -ku	artist	käik, käigu, -u	course, run, walk

käre, -da, -dat	fierce, violent		lapsepõlv, -e, -e	childhood
kärpida, -ma	slash, cut out		lapsevanker, -kri, -krit	perambulator, pram
käsi, käe, kätt	hand		las	let
käsivars, -varre, -vart	arm		lasta, laskma	let
kätte	into (hands, possession)		lasteaed, -aia, -a	kindergarten, nursery school
köögivili, -vilja, -vilja	vegetable		latern, -a, -at	lamp, lantern
köök, köögi, -i	kitchen		laud, laua, -a	table, board
küla, -, -	village		laulda, -ma	sing
külaline, -lise, -list	guest, visitor		laulmine, -mise, -mist	singing
külastada, -ma	visit		laupäev, -a, -a	Saturday
küll	indeed		laut, lauda, -a	cattle-shed, byre
küllalt	enough		lava, -, -	stage
külm, -a, -a	cold		Leedu, -, -t	Lithuania
külmkapp, -kapi, -kappi	refrigerator		lehm, -a, -a	cow
			leht, lehe, -e	leaf, sheet, newspaper
kümme, kümne, -t	ten		lehtpuu, -, -d	deciduous tree
kümmekond	about ten, ten or so		leib, leiva, -a	bread
			leida, leidma	find
küsida, -ma	ask		leil, -i, -i	steam, vapour (in a saun)
kütt, küti, -i	hunter			
küüs, küüne, küünt	nail, claw		lendur, -i, -it	pilot, aviator
			lennuk, -i, -it	aeroplane
laev, -a, -a	ship, vessel		lennuvägi, -väe, -väge	air force
lahe, -da, -dat	calm			
lahjendada, -ma	thin, dilute		leping, -u, -ut	treaty
lahke, -, -t	kind		ligi	near(ly)
lahkuda, -ma	depart, leave		liha, -, -	meat, flesh
laht, lahe, -e	bay		lihtne, lihtsa, lihtsat	simple
lahti	open, loose (adv.)		liiga	too, excessively
lai, -a, -a	broad, wide		liige, liikme, -t	member
laimata, -ma	slander		liikuda, -ma	move
lakkuda, -ma	lick		liit, liidu, -u	union
lamp, lambi, -i	lamp		liiter, -tri, -trit	litre
langeda, -ma	fall		liiv, -a, -a	sand
laps, -e, last	child		liivi	Livonian
lapselik, -u, -ku	childish		lill, -e, -e	flower

lillkapsas, -kapsa, -kapsast	cauliflower	läti	Latvian
		Läti, -, -t	Latvia
linastada, -ma	show (on screen)	lääs, lääne, läänt	west
linastus, -e, -t	showing	lühike(ne), -kese, -kest	short, brief
lind, linnu, -u	bird		
linn, -a, -a	town	lükata, lükkama	push, shove; postpone
lint, lindi, -i	tape, band, ribbon	lüüa, lööma	hit, strike
lipp, lipu, -u	flag	ma = mina	I, me
lisada, -ma	add	maa, -, -d	land, earth, country
loe, loode, -t	northwest		
loeng, -u, -ut	lecture	maadelda, maadlema	wrestle
lohk, lohu, -u	hollow, depression	maailm, -a, -a	world
lood, -i, -i	lead	maak, maagi, -i	ore
loodus, -e, -t	nature	maantee, -, -d	highway
looming, -u, -ut	creation, creative work	maastik, -u, -ku	landscape
		madal, -a, -at	low
loota, lootma	hope	madalrõhk, -rõhu, -u	low pressure
lubada, -ma	promise; allow		
lugeda, -ma	read	magada, -ma	sleep
lugu, loo, -	story, tale, case	magamistuba, -toa, -	bedroom
lumi, lume, lund	snow		
lusikas, lusika, lusikat	spoon	magister, -tri, -trit	master
luua, looma	create	magus, -a, -at	sweet
luule, -, -t	poetry	maha	down, off, away
luuletaja, -, -t	poet	mahl, -a, -a	juice
luuletus, -e, -t	poem	mahtuda, -ma	fit in
lõbu, -, -	pleasure, fun	mai, -, -d	May
lõpetada, -ma	finish	mainida, -ma	mention
lõpetanu, -, -t	graduate (n.)	maitsestada, -ma	season, give taste
lõppeda, -ma	end	maitsta, -ma	taste (good)
lõug, lõua, -a	chin	maiustus, -e, -t	sweet, candy
lõuata, lõugama	bawl, yell	maja, -, -	house
lõuna, -, -t	south; dinner, lunch	majandus, -e, -t	economy
		majandustead- lane, -lase, -last	economist
läbi	(postp./prep.) through		
		majandusteadus, -e, -t	economics
läbida, -ma	go/pass through		
lähedal	(postp.) near	maksta, -ma	cost, pay
läheneda, -ma	approach	mantel, -tli, -tlit	coat

211

mari, marja, marja	berry	mina, minu, mind	I
mark, marga, -a	mark (currency)	minia, -, -t	daughter-in-law
marsruut, marsruudi, -i	route	minna, minema	go, get
		minevik, -u, -ku	past
masin, -a, -at	machine	mingi	some
matemaatika, -, -t	mathematics	minu	my
		minut, -i, -it	minute
materjal, -i, -i	material	mis, mille, mida	what, which
matta, matma	bury	missugune, -suguse, -sugust	what kind of
matus, -e, -t	funeral	mitte	not, no
me = meie	we	mitu, mitme, -t	several, many
meel, -e, -t	mind	morss, morsi, -i	fruit-juice
meeldida, -ma	please	Moskva, -, -t	Moscow
meeldiv, -a, -at	pleasant	mu = minu	my
meeleavaldus, -e, -t	demonstration	muide	by the way, incidentally
meelitada, -ma	lure, entice	muidu	otherwise
meelsasti	gladly	muidugi	of course
meenutada, -ma	recall, remind	muinasjutt, -jutu, -juttu	fairy tale
mees, mehe, -t	man		
meeskond, -konna, konda	team	mujal	elsewhere
		mulje, -, -t	impression
meeter, meetri, meetrit	metre	mulk, mulgi, -i	peasant from Viljandimaa province
meie, -, meid	we; our		
meierei, -, -d	dairy	muna, -, -	egg
meister, meistri, meistrit	master	muretseda, -ma	worry
		must, -a, -a	black, dirty
meistrivõistlused, -ste, -si	championship	muu, -, -d	other
		muuseum, -i, -i	museum
meri, mere, merd	sea	muutuda, -ma	change, turn
mererand, -ranna, randa	seaside	mõni, mõne, mõnda	some
mets, -a, -a	forest	mõnikord	sometimes
metsik, -u, -kut	wild	mõningane, -gase, -gast	some, certain
midagi	something, anything		
		mõte, mõtte, -t	thought, idea
miks	why	mõ(t)elda, mõtlema	think
millal	when		
milline, -lise, -list	which, what kind of	mõõde, mõõtme, mõõdet	dimension

mõõk, mõõga, -a	sword	nimi, nime, nime	name
mäestik, -u, -ku	mountain-range	ning	and (also)
mägi, mäe, mäge	mountain, hill	no	well
mäletada, -ma	remember	noor, -e, -t	young
mälu, -, -	memory	noormees, -mehe, -meest	young man
mäng, -u, -u	game		
mängida, -ma	play	noorus, -e, -t	youth
märg, märja, -a	wet	novell, -i, -i	short story
märgata, märkama	notice	november, -bri, -brit	November
märkida, -ma	mark	nuga, noa, -	knife
märts, -i, -i	March	number, -bri, -brit	number
mässata, -ma	revolt, rebel		
möirata, möirgama	roar	nurk, nurga, -a	corner
		nutta, nutma	weep
mööbel, mööbli, mööblit	(item of) furniture	nõges, -e, -t	nettle
		nõrk, nõrga, -a	weak
mööduda, -ma	pass	nõrkus, -e, -t	weakness
möödunud	past, last	nõu, -, -	vessel, dish; advice, counsel
müts, -i, -i	cap		
müüa, müüma	sell	nõuda, nõudma	demand
müüja, -, -t	shop assistant	nõukogu, -, -	Soviet, council, board
müük, müügi, -i	sale		
naaber, naabri, naabrit	neighbour	nädal, -a, -at	week
		nädalapäev, -a, -a	weekday
nad = nemad	they	nädalavahetus, -e, t	weekend
nael, -a, -a	pound		
naerda, -ma	laugh	nägemiseni	see you later, goodbye
nagu	(such) as		
naine, naise, naist	woman	nägu, näo, -	face
nali, nalja, nalja	joke	näha, nägema	see
natuke(ne)	a little	näidata, näitama	show
need	these, those	näide, näite, -t	example
neiu, -, -t	girl, young lady	näidelda, näitlema	act
neli, nelja, nelja	four		
neljapäev, -a, -a	Thursday	näitleja, -, -t	actor
nemad, nende, neid	they	nööp, nööbi, -i	button
		nöör, -i, -i	rope
nii	so, thus	nüüd	now
(nii...kui ka	both...and)	nüüdisaeg, -aja, aega	the present
niisama	just as, just the same		
		odav, -a, -at	cheap

oktoober, -bri, -brit	October
olla, olema	be
olukord, -korra, -korda	situation, condition
olümpiamängud	Olympic games
oma	own
omapärane, -pärase, -pärast	peculiar
onu, -, -	uncle
ooper, -i, -it	opera
oodata, ootama	wait, expect
ordu, -, -t	order
orel, -i, -it	organ
orkester, -tri, -trit	orchestra, band
osa, -, -	part
osata, oskama	be able, know how
osta, ostma	buy
ots, -a, -a	end
otse	straight, direct
otsida, -ma	seek, search
otsustada, -ma	decide
paar, -i, -i	pair, couple
paat, paadi, -i	boat
pada, paja, -	pot
pagar, -i, -it	baker
paha, -, -	bad, evil
paiguti	in places
paik, paiga, -a	place
paiku	(postp.) about, towards
paista, paistma	shine, seem
pakane, -kase, -kast	frost, cold weather
pakatada, -ma	burst (open)
pakk, paki, -i	packet
pakkida, -ma	pack
pakkuda, -ma	offer
paks, -u, -u	thick, fat
palavik, -u, -ku	fever, temperature
palju, -, -	much
palk, palga, -a	wages, salary
paluda, -ma	ask for, request
palun	please; you're welcome
pank, panga, -ka	bank
panna, panema	put
pantida, -ma	pledge, pawn
paraad, -i, -i	parade
parajasti	just/right now
paras, paraja, parajat	appropriate, right
pardel, pardli, pardlit	razor
parem, -a, -at	better, right
park, pargi, -i	park
parkett, parketi, parketti	parquet
pasknäär, -i, -i	jay
pasta, -, -t	paste
pea, -, -d	head
peaaegu	almost
peaaine	main subject
peale	on, onto, after, as well as
pealt	from the top
peamine, -mise, -mist	chief, main
peatuda, -ma	stop, halt
peatus, -e, -t	stop, halt
peegel, peegli, peeglit	mirror
pehme, -, -t	soft
peilida, -ma	sound, gauge
pere, -, -t	household
perekond, -konna, -konda	family
perenaine, -naise, -naist	lady of the house
periood, -i, -i	period
pesa, -, -	nest
pesta, pesema	wash

pesu, -, -	washing, laundry; underwear	poola	Polish
pesukoda, pesukoja, -	laundry (place)	poole	(postp.) to the side of, towards,
pettuda, -ma	be disappointed	poolt	(postp.) from the side of
pidada, -ma	hold, keep; have to	poolteist	one and a half
pidev, -a, -at	continuous	porgand, -i, -it	carrot
pidu, peo, -	feast, festival	praad, prae, -i	meat (fried, roasted)
pidulik, -u, -ku	festive, solemn		
pihta	(postp.) at	praadida, -ma	fry, roast
piim, -a, -a	milk	praegu	now
piir, -i, -i	border	prantslane, -lase, -last	Frenchman
piirata, -ma	limit; besiege		
piisata, -ma	suffice	pressida, -ma	press
piki	(prep.) along	prillid, -e, prille	glasses, spectacles
pikk, pika, -a	long		
pliet, -i, -it	ticket	proosa, -, -t	prose
pill, -i, -i	(musical) instrument	proovida, -ma	test, try
		provints, -i, -i	province
pilt, pildi, -i	picture	pruun, -i, -i	brown
pilv, -e, -e	cloud	pruut, pruudi, -i	bride, fiancee
pime, -da, -dat	dark	puhas, puhta, -t	clean
pipar, pipra, pipart	pepper	puhastada, -ma	clean
		puhastus, -e, -t	cleaning
piparkook, -koogi, -kooki	gingerbread	puhata, puhkama	rest
		puhkpill, -i, -i	wind-instrument
pisike(ne), -kese, kest	small, tiny	puhkus, -e, -t	rest, holiday
		puhuda, -ma	blow
pisut	a little bit (adv.)	puhul	(postp.) on the occasion of
plaan, -i, -i	plan		
planeerida, -ma	plan	pulm, -a, -a	wedding
pluus, -i, -i	blouse	punane, punase, punast	red
poeg, poja, -a	boy, son		
poiss, poisi, -i	boy, lad	punetada, -ma	glow, redden
pole = ei ole	isn't, am not, aren't	puri, purje, purje	sail
		purk, purgi, -i	jar
pommitada, -ma	bombard	puru, -, -	speck, crumb
pood, poe, -i	shop	puu, -, -d	tree; wood
pool, -e, -t	half	puuvill, -a, -a	cotton
pool	(postp.) at, towards	põhiline, -lise, -list	basic, fundamental

põleda, -ma	burn
põlv, -e, -e	generation
põnevus, -e, -t	excitement, thrill
põrand, -a, -at	floor
põrm, -u, -u	dust, earth
põsk, põse, põske	cheek
põõsas, põõsa, -t	bush
päev, -a, -a	day
päike(ne), päikese, päikest	sun
pärast	(prep./postp.) after, out of
pärastlõuna, -, -t	afternoon
päris	quite, completely
päästa, päästma	save, rescue
pöök, pöögi, -i	beech
pöörata, -ma	turn (tr.)
pöörduda, -ma	turn (intr.)
püha, -, -	holy, sacred, holiday
pühak, -u, -kut	saint
pühapäev, -a, -a	Sunday
pühkida, -ma	sweep
püksid, pükste, pükse	trousers
püss, -i, -i	gun
püsti	up, upright
püüda, püüdma	try, attempt
püüelda, püüdlema	strive
raadio, -, -t	radio
raamat, -u, -ut	book
raamatukogu, -, -	library
rabelda, rabelema	flounder, struggle
raha, -, -	money
rahaühik, -u, -kut	monetary unit, currency
rahu, -, -	peace
rahvahulk, -hulga, -hulka	crowd of people
rahvas, rahva, -t	people, nation, folk
rajada, -ma	found, establish
rannik, -u, -ut	coast
raske, -, -t	heavy, difficult
rasv, -a, -a	fat, grease
ratas, ratta, -t	wheel
raud, raua, rauda	iron (n.)
raudne, -se, -set	iron (adj.)
raudtee, -, -d	railway
reede, -, -t	Friday
regatt, regati, -i	regatta
reis, -i, -i	journey, trip
reisida, -ma	travel
reisirong, -i, -i	passenger train
reklaam, -i, -i	advertisement
rekord, -i, -it	record
restoran, -i, -i	restaurant
revolutsiooniline, -ise, -ist	revolutionary
rida, rea, -	row, line
rihm, -a, -a	strap, belt
riie, riide, -t	cloth, (article of) clothing
riietuda, -ma	dress
riigikord, -korra, -a	political system, regime
riik, riigi, -i	state
riiul, -i, -it	shelf
rikas, rikka, -t	rich
rikkalik, -u, -ku	abundant
rike, rikke, -t	flaw, fault
ring, -i, -i	circle
ringi	around
rist, -i, -i	cross
risttee, -, -d	crossroad
roheline, -lise, -list	green
rohkem	more
romaan, -i, -i	novel
rong, -i, -i	train
roosa, -, -t	pink

Rootsi, -, -t	Sweden
rootsi	Swedish
ropp, ropu, -u	coarse, indecent
rukis, rukki, -t	rye
rutiin, -i, -i	routine
ruttu	quickly, swiftly
ruum, -i, -i	space, room
ruut, ruudu, -u	square, pane
rõhk, rõhu, rõhu	pressure, stress
rõivas, rõiva, rõivast	garment
rõõm, -u, -u	joy
rõõmus, rõõmsa, rõõmsat	joyful, glad
rõõmustav, -a, -at	pleasant, delightful
rätik, -u, -kut	kerchief
rätsep, -a, -at	tailor
rääkida, rääkima	speak
rüpp, rüpe, -e	lap, bosom
sa = sina	you
saabas, saapa, -t	boot
saabuda, -ma	arrive
saada, -ma	get, become
saade, saate, -t	broadcast, transmission
saal, -i, -i	hall
saan, -i, -i	sleigh
saar, -e, -t	island
saata, saatma	send
saatekava, -, -	broadcast schedule
saatus, -e, -t	fate, destiny
sada, saja, -	hundred
sadada, -ma	fall, precipitate
sadam, -a, -at	harbour
sademed, sademete, sademeid	precipitation
sageli	often
sahiseda, -ma	rustle
sai, -a, -a	white bread
saiake, -se, -st	bun
sajand, -i, -it	century
saksa	German
Saksamaa, -, -d	Germany
sakslane, -lase, -last	German (person)
salat, -i, -it	salad
sall, -i, -i	shawl
sama, -, -	same
sang, -a, -a	handle, frame
sari, sarja, sarja	series
saun, -a, -a	sauna, bath-house
seadus, -e, -t	law
seal	there
seapraad, -prae, -i	roast pork
see, selle, seda	this, that
seejuures	at that, in so doing
seejärel	after that, thereupon
seelik, -u, -ut	skirt
seen, -e, -t	mushroom
seesugune, -suguse, -sugust	such, that kind of
sein, -a, -a	wall
seis, -u, -u	standing, stopping
seista, -ma	stand
seitse, seitsme, -t	seven
sekund, -i, -it	second
selg, selja, -a	back
selge, -, -t	bright, clear
selgida, -ma	clear up
se(ll)epärast	therefore
selts, -i, -i	society, company
seminar, -i, -i	seminar
sent, sendi, -i	cent (Estonian currency)
sentimeeter, -meetri, -meetrit	centimetre
sepp, sepa, -a	smith

september, -bri, -brit	September	sport, spordi, -i	sport
serveerida, -ma	serve (up)	sportlane, -lase, -last	sports(wo)man
sest	for	staadion, -i, -i	stadium
sibul, -a, -at	onion	staa_, -i, -i	length of service
siduda, -ma	bind, tie	stiil, -i, -i	style
siga, sea, -	pig	struktuur, -i, -i	structure
sigar, -i, -it	cigar	stuudio, -, -t	studio
sigarett, sigareti, -i	cigarette	sugu, soo, -	genus, stock, family
siin	here	sugulane, -lase, -last	relative, relation
siis	then		
siiski	still, nevertheless, anyway	suhteline, -lise, -list	relative (adj.)
sild, silla, -a	bridge	suits, -u, -u	smoke
silitada, -ma	stroke	suitsetada, -ma	smoke
sina, sinu, sind	you (singular, familiar)	sulada, -ma	melt, thaw
		sulg, sule, -e	feather, pen
sinine, sinise, sinist	blue	sulgeda, -ma	shut, close
		supp, supi, -i	soup
sinna	there, thither	surm, -a, -a	death
sinu	your(s) (sing.)	surra, surema	die
sisse	in(to)	suu, -, -d	mouth
sobida, -ma	suit, fit	suur, -e, -t	big, great
soe, sooja, sooja	warm	suusatada, -ma	ski
sokk, soki, -i	sock	suvi, suve, suve	summer
soodus, soodsa, soodsat	favourable	suvila, -, -t	summer cottage
		sõber, sõbra, sõpra	friend
sool, -a, -a	salt		
soolane, -lase, -last	salty	sõbralik, -u, -ku	friendly
		sõda, sõja, -	war
soome	Finnish	sõdur, -i, -it	soldier
Soome, -, -t	Finland	sõit, sõidu, -u	ride, trip
soomlane, -lase, -last	Finn	sõita, sõitma	ride, travel, go (by vehicle)
soovida, -ma	wish	sõajväelane, -lase, -last	serviceman
soovitada, -ma	recommend		
sotsiaalne, -se, -set	social	sõltuda, -ma	depend
		sõna, -, -	word
sotsialistlik, -u, -ku	socialist	sõnastik, -u, -ku	glossary
		sõstar, sõstra, -t	currant
spetsialist, -i, -i	specialist	säilida, -ma	be preserved

särk, särgi, -i	shirt	taskurätt, -räti, -i	handkerchief
säärane, säärase,	such	tass, -i, -i	cup
säärast		tassida, -ma	drag
söök, söögi, -i	food, meal	tavaline, -lise,	ordinary
söökla, -, -t	cafeteria	-list	
süda, -me, -nt	heart	te = teie	you
sügav, -a, -at	deep	teada, teadma	know
sügis, -e, -t	autumn	teade, teate, -t	(item of) news,
sült, süldi, -i	jellied meat		information
sündida, -ma	be born	teadus, -e, -t	science
sündmus, -e, -t	event, happening	teaduskond,	faculty
sünnipäev, -a, -a	birthday	-konna, -a	
süsi, söe, sütt	coal	teatada, -ma	announce, notify
süü, -, -d	guilt	teatejooks, -u, -u	relay race
süüa, sööma	eat	teater, teatri,	theatre
Šotimaa, -, -d	Scotland	teatrit	
ta = tema	he, she	tee, -, -d	road, way; tea
taani	Danish	teema, -, -t	theme, subject
Taani, -, -t	Denmark	teenida, -ma	serve
taas	again	teenistus, -e, -t	service
taevas, taeva, -t	sky, heaven	tegelda,	be engaged,
taga	(postp.) behind	tegelema	occupied
taganeda, -ma	recede, retreat	tegelikkus, -e, -t	actuality
tagant	from behind	tegur, teguri,	factor
tagasi	back (again), ago	tegurit	
tagastada, -ma	return, give back	teha, tegema	do, make
taha	back, behind	tehniline, -lise,	technical
tahta, tahtma	want	-list	
tallata, -ma	tread	teie, -, -d	you, your (plural,
Tallinn, -a, -a	capital city of		polite)
	Estonia	teine, teise, teist	second, other
talv, -e, -e	winter	teisipäev, -a, -a	Tuesday
talvine, -vise,	wintry	tekitada, -ma	arouse, give rise
-vist			to, cause
tantsija, -, -t	dancer	televiisor, -i, -it	television set
taoline, -lise, -list	such, similar	tellida, -ma	order
tarve, tarbe, -t	need, want,	tema, -, teda	he, she
	requirement	temperatuur,	temperature
tarvis	necessary,	-i, -i	
	needed	teos, -e, -t	work, production
tasakesi	quietly	tere!	hi! hello!
tasku, -, -t	pocket	(tere tulemast!	welcome)

219

terve, -, -t	whole, complete, well, sound	tunduv, -a, -at	perceptible
tervis, -e, -t	health (also = tere!)	turg, turu, -u	market
		tuttav, -a, -at	acquaintance
		tutvuda, -ma	get acquainted
tina, -, -	lead, tin	tutvustada, -ma	acquaint
tingimus, -e, -t	condition	tuua, tooma	bring
toetus, -e, -t	support, backing	tuul, -e, -t	wind
tohtida, -ma	may, be allowed	tuuline, -lise, -list	windy
toit, toidu, -u	food	tõenäoline, -lise, -list	probable, likely
tont, tondi, -i	ghost		
tool, -i, -i	chair	tõesti	really
toomkirik, -u, -ut	cathedral	tõlk, tõlgi, -i	interpreter
toon, -i, -i	tone, shade	tõlkida, -ma	translate
toores, toore, -t	raw	tõmmata, tõmbama	pull, draw
toorsalat, -i, -it	green salad		
tore, -da, -dat	fine, splendid	tõotada, -ma	pledge
torm, -i, -i	storm	tõttu	(postp.) because of
torn, -i, -i	tower		
tort, tordi, -i	cake, tart	tõusta, -ma	rise
traditsioon, -i, -i	tradition	tädi, -, -	aunt
traditsiooniline, -lise, -list	traditional	täht, tähe, tähte	star
		tähtis, tähtsa, tähtsat	important
trollibuss, -i, -i	trolleybus		
truudus, -e, -t	faithfulness, loyalty	täiendada, -ma	complement, complete
trükkida, -ma	print	täiesti	fully
tsaar, -i, -i	tsar	täis, täie, täit	full
tsensor, -i, -it	censor	täitsa = täiesti	completely
tsensuur, -i, -i	censorship	täna	today
tuba, toa, -	room	(täna öösel	tonight)
tubli, -, -t	fine, good	tänada, -ma	thank
tugev, -a, -at	strong, sturdy	tänav, -a, -at	street
tugi, toe, tuge	support	täpne, täpse, täpset	exact
tugitool, -i, -i	armchair		
tuksuda, -ma	throb, beat	töö, -, -d	work
tulev, -a, -at	coming, future	töökaaslane, -lase, -last	workmate, colleague
tulla, tulema	come		
tuli, tule, tuld	fire	tööline, -lise, -list	worker
tume, -da, -dat	dark	töötada, -ma	work
tund, tunni, -i	hour	tüdruk, -u, -ut	girl
tunda, tundma	know, be acquainted, feel	tükeldada, -ma	cut up
		tükk, tüki, -i	piece, item

tünn, -i, -i	barrel	vaikida, -ma	be silent
tütar, tütre, -t	daughter	vaikne, vaikse, vaikset	silent
tütarlaps, -e, -last	girl		
udu, -, -	mist	vaip, vaiba, -a	carpet
uhke, -, -t	proud	vaja	necessary
uisutada, -ma	skate	vajalik, -u, -ku	necessary
ujuda, -ma	swim	vajada, -ma	need
uks, -e, ust	door	valdus, -e, -t	possession
ulatuda, -ma	stretch, reach	vale, -, -t	lie
umbes	about, approximately	valge, -, -t	white
		valgus, -e, -t	light
uni, une, und	sleep	valida, -ma	choose
unistada, -ma	dream	valik, -u, -ut	choice
unustada, -ma	forget	valimised, -miste, -misi	election
uriseda, -ma	growl		
uskuda, -ma	believe	valitsus, -e, -t	government
uudis, -e, -t	(piece of) news	vallutada, -ma	conquer
uurida, -ma	investigate, study	valmis (indecl.)	ready
uus, uue, uut	new	valmisriided	ready-made clothes
vaadata, vaatama	look		
vaba, -, -	free	valmistada, -ma	prepare, manufacture
vabadus, -e, -t	freedom		
vabandada, -ma	pardon, excuse	valu, -, -	pain
vabariik, -riigi, -i	republic	valutada, -ma	hurt, ache
vaevalt	hardly	valve, -, -t	guard, watch
vahe, -, -t	difference, space between, interval	vana, -, -	old
		vanaema, -, -	grandmother
		vanaisa, -, -	grandfather
vaheaeg, -aja, -a	interval, vacation	vanduda, -ma	swear
vahel	(postp.) between; (adv.) sometimes	vanem, -a, -at	parent
		vann, -i, -i	bath
		vara	early (adv.)
vaheldus, -e, -t	alternation	varastada, varastama	steal
vahele	in between, amongst		
		vare, -me, -t	ruin
vahend, -i, -it	means	variseda, -ma	fall, collapse
vahepeal	meanwhile	varsti	soon
vahetada, -ma	exchange	varustus, -e, -t	equipment
vahetus, -e, -t	exchange	vasak, -u, -ut	left
vaht, vahu, -u	foam	vastas	opposite
vahukoor, -e, -t	whipped cream	vastata, -ma	answer, correspond
vahva, -, -t	brave		

vastav, -a, -at	corresponding	vilu, -, -	cool, chilly
vastu	against, opposite, towards	vinge, -, vinget	cutting, piercing
		vist	probably
vastuvõtja, -, -t	receptionist	voodi, -, -t	bed
vastuvõtt, -võtu, -u	reception, acceptance	vorst, -i, -i	sausage
		või	or
vedada, -ma	draw, pull	või, -, -d	butter
vedu, veo, -	pulling, draught	võib-olla	perhaps, maybe
veebruar, -i, -i	February	võida, -ma	be able, can
veel	still, yet, even	võidukas, võiduka, -t	victorious
veelkord	once more		
veerand, -i, -it	quarter	võileib, -leiva, -leiba	sandwich
veereda, -ma	roll		
veidi	a little	võim, -u, -u	power
vein, -i, -i	wine	võimalik, -u, -ku	possible
vend, venna, -a	brother	võimalus, -e, -t	possibility
vene	Russian	võimukandja, -, -t	potentate
Venemaa, -, -d	Russia		
veri, vere, verd	blood	võistlus, -e, -t	competition
vesi, vee, vett	water	võit, võidu, -u	victory
videolint, -lindi, -i	videotape	võita, võitma	win
		võitlus, -e, -t	fight, struggle
viga, vea, -	mistake, fault	võsa, -, -	brushwood
vihm, vihma, vihma	rain	võti, võtme, võtit	key
		võtta, võtma	take
vihmahoog, -hoo, -hoogu	shower (of rain)	võõras, võõra, -t	strange, foreign
		võõrkeel, -e, -t	foreign language
vihmane, -mase, -mast	wet, rainy	väevõim, -u, -u	force, violence
		väga	very
vihmavari, -varju, -varju	umbrella	vägisi	by force
		vähe	little, not much
viia, viima	carry, take	vähem	less
viimane, -mase, -mast	last	vähemalt	at least
		vähevõitu	rather little
viin, -a, -a	spirits, liquor	väike, -se, -st	little, small
viis, viie, viit	five	väimees, -mehe, -meest	son-in-law
viiul, -i, -it	violin		
vili, vilja, vilja	fruit	välismaa, -, -d	foreign countries, abroad
viljelda, viljelema	cultivate		
vill, -a, -a	wool	välja	out
villane, -lase, -last	woollen	väljaanne, -ande, -t	edition, publication

väljak, -u, -ut	place, square	äkki	suddenly
väljuda, -ma	go out, leave, depart	ämm, -a, -a	mother-in-law
		ära, ärge	don't
värske, -, -t	fresh	ära	away, off, out
värss, värsi, -i	verse	(ära tunda	recognise)
värv, -i, -i	colour	ärgata, ärkama	wake
väsida, -ma	tire, get tired	äri, -, -	business, shop
väsinud	tired	äär, -e, -t	edge
väsitada, -ma	tire, fatigue	öelda, ütlema	say
õde, õe, -	sister	öine, öise, öist	noctural, nightly
õhk, õhu, -u	air	öö, -, -d	night
õhtu, -, -t	evening	öösel	at night
õhtuti	in the evenings	üheksa, -, -t	nine
õige, -, -t	right, correct	ühik, -u, -ut	unit
õigus, -e, -t	right(s)	üks, ühe, üht	one
õitseda, -ma	flourish, flower	üksi	alone
õlu, -, -t	beer	ükskõik	all the same, doesn't matter
õmblus, -e, -t	seam		
õmmelda, õmblema	sew	üksmeelne, -meelse, meelset	unanimous
õnn, -e, -e	happiness, luck		
õnneks	fortunately	ülal	up
õnnelik, -u, -ku	happy	üldine, üldise, üldist	general
õnnestuda, -ma	succeed		
õnnetu, -, -t	unhappy	üldse	at all, altogether
õpetada, -ma	teach	üle	over, above
õpetaja, -, -t	teacher	üleeile	the day before yesterday
õpetatud	learned		
õpik, -u, -ut	textbook	ülehomme	the day after tomorrow
õpilane, -lase, -last	student		
		ülekanne, -kande, -kannet	transmission, relay
õppejõud, -jõu, -jõudu	instructor, lecturer		
õppida, -ma	learn, study	üles	up
õrn, -a, -a	delicate, tender	ülespidi, ülespoole	upward
õu, -e, -e	yard		
õun, -a, -a	apple	ülestõus, -u, -u	uprising, rebellion
äge, -da, -dat	vehement, violent		
		ületamatu, -, -t	unsurpassed, insurmountable
ähkida, -ma	puff, wheeze, pant		
		ülikond, ülikonna, -a	suit
äi, -a, -a	father-in-law		

ülikool, -i, -i	university	**ümbrik, -u, -ku**	envelope
üliõpilane,	university	**ümbrus, -e, -t**	environment, surroundings
-õpilase, -õpilast	student		
ümber	round	**üsna**	rather, quite

English–Estonian glossary

This glossary is intended for use in conjunction with the exercises. If you are uncertain of the declension of a noun or the conjugation of a verb, look up the Estonian word in the Estonian–English Glossary.

about (approx.)	**umbes**
abroad	**välismaal**
(become) acquainted	**tutvuda**
actor	**näitleja**
again	**jälle**
all	**kõik**
along	**piki**
already	**juba**
always	**alati**
and	**ja**
(to) anywhere	**kuhugi**
April	**aprill**
around	**ringi**
as	**kuna**
ask	**küsida**
August	**august**
aunt	**tädi**
autumn	**sügis**
bank	**pank**
bay	**laht**
be	**olla**
become	**saada**
bed	**voodi**; go to bed **magama minna**
before	**enne**
beside	**kõrval**
big	**suur**
black	**must**
blouse	**pluus**
book	**raamat**
(be) born	**sündida**
boy	**poiss**
bridge	**sild**
bright	**selge**
building	**hoone**
bun	**saiake**
bury	**matta**
bus	**buss**
but	**aga**
buy	**osta**
call	**kutsuda**
can	**võida; saada**
car	**auto**
case	**kohver**
cat	**kass**
century	**sajand**
change	**vahetada**
cheese	**juust**
child	**laps**
church	**kirik**
cinema	**kino**
clock	**kell**
clothes	**riided**

English	Estonian	English	Estonian
cloudy	**pilvine**	Finland	**Soome**
coffee	**kohv**	five	**viis**
come	**tulla**	flat	**korter**
comfortable	**mugav**	food	**toit**
country	**maa**	four	**neli**
couple	**paar**	free	**vaba**
cream	**koor; kreem**	friend	**sõber**
cup	**tass**	(in) front (of)	**ees**
daughter	**tütar**	garden	**aed**
day	**päev;** day before yesterday **üleeile**	generation	**põlvkond**
		get	**saada;** (up) **üles tõusta**
December	**detsember**	give	**anda**
decide	**otsustada**	glass	**klaas**
department store	**kaubamaja**	go	**minna**
depend	**sõltuda**	good	**hea**
die	**surra**	grow	**kasvada**
directly	**otse**	half	**pool**
dirty	**must**	hall	**saal**
doctor	**arst**	he	**tema, ta**
don't	**ära** (sing.), **ärge** (pl.)	health	**tervis;** good for health **tervislik**
drink	**juua**	help	**aidata**
dry	**kuiv**	here	**siin**
each	**iga**	high	**kõrge**
eastern	**ida-**	home (n.)	**kodu;** (adv.) **koju**
easy	**kerge**	hot	**kuum**
eat	**süüa**	hotel	**hotell**
eight	**kaheksa**	hour	**tund**
engineer	**insener**	how	**kuidas**
England	**Inglismaa**	husband	**mees**
epic	**eepos**	I	**mina, ma**
Estonia	**Eesti**	if	**kui**
Europe	**Euroopa**	important	**tähtis**
even	**veel**	inside	**sisse**
every	**iga**	interesting	**huvitav**
excuse	**vabandada**	invite	**kutsuda**
expect	**oodata**	Ireland	**Iirimaa**
expensive	**kallis**	journey	**reis**
father	**isa**	July	**juuli**
feel	**tunda**	June	**juuni**
film	**film**	know	**teada; tunda**

last	möödunud	o'clock	kell
later	hiljem	often	sageli
Latvia	Läti	old	vana
leave	jätta	one	üks
lecture	loeng	only	ainult
left (side)	vasak	open	avada
lie (tell lies)	valetada	our	meie (oma)
literature	kirjandus	out	välja
little	väike; a little natuke	over paper (newspaper)	üle ajaleht
live	elada		
long	pikk; kaua	part	osa
look	vaadata; look for otsida	past peace	läbi rahu
(a) lot (of)	palju	perhaps	võib-olla
main	pea-	play	mängida
man	mees	(at) present	praegu
many	palju	quarter	veerand
May	mai	quiet	vaikne
meet	kohata	railway station	raudteejaam
(in the) middle (of)	keset	rain (n.)	vihm; (v.) sadada
milk	piim	read	lugeda
mind	meel	relative	sugulane
money	raha	remain	jääda
month	kuu	restaurant	restoran
more	rohkem	rich	rikas
morning	hommik	right (side)	parem
mother	ema	ring	helistada
mountain	mägi	room	tuba
my	minu, mu	round	ringi, ümber
near	lähedal	run	joosta
need	tarvis olla	sailing trip	meresõit
new	uus	sandwich	võileib
next	järgmine	Saturday	laupäev
nice	meeldiv	sausage	vorst
nine	üheksa	school	kool
no	ei	Scotland	Šotimaa
north	põhi	seaside	mererand
not	ei	see	näha
nothing	ei midagi	self	ise
November	november	September	september

seven	**seitse**	television	**televiisor**
several	**mitmed**	tell	**rääkida**
she	**tema, ta**	temperature	**temperatuur**
shoe	**king**	than	**kui**
shop	**pood, kauplus**	thank	**tänada**
short	**lühike**	thank you	**aitäh**
should	**peaks**	that	**see; et**
shower	**vihmahoog**	their	**nende**
sick	**haige**	there	**seal;**
sing	**laulda**	there to meet	**vastas**
sister	**õde**	they	**nemad, nad**
sit	**istuda**	think	**mõtelda, arvata**
six	**kuus**	this	**see**
ski	**suusatada**	three	**kolm**
sleep	**magada**	ticket	**pilet**
small	**väike**	tight	**kitsas**
some	**mingi**	time	**aeg**
(to) somewhere	**kuhugi**	tired	**väsinud**
soon	**varsti**	today	**täna**
south	**lõuna**	together	**koos**
southwest	**edel**	tomorrow	**homme**
spread (move)	**liikuda**	tonight	**täna öösel**
stand	**seista**	too	**ka; liiga**
station	**jaam**	town	**linn**
stay	**jääda**	train	**rong**
still	**veel**	travel	**sõita**
stop (v.)	**peatuda; (n.)**	trip	**reis**
	peatus	turn	**muutuda**
straight	**otse**	two	**kaks**
street	**tänav**	uncle	**onu**
study	**õppida**	under	**all**
summer	**suvi**	university	**ülikool**
Sunday	**pühapäev**	until	**kuni**
sunny	**päikeseline**	very	**väga**
sunshine	**päikesepaiste**	visit	**külastada, külas**
surely	**kindlasti**		**käia, külla**
table	**laud**		**tulla**
take	**võtta**	wait	**oodata**
talk	**rääkida**	Wales	(*no Estonian*
taste	**maitsta**		*name*)
tea	**tee**	walk	**kõndida,**
teacher	**õpetaja**		**jalutada**

want	**tahta**	why	**miks**
watch	**vaadata**	winter	**talv**
water	**vesi**	without	**ilma**
we	**meie, me**	work (n.)	**teos, töö**; (v.)
weather	**ilm**		**töötada**
Wednesday	**kolmapäev**	worry	**muretseda**
week	**nädal**	write	**kirjutada**
welcome!	**tere tulemast!**	year	**aasta**
well	**hästi**	yes	**jah**
west	**lääs**	yesterday	**eile**
wet	**märg, vihmane**	yet	**veel, juba**
when	**millal**	you (sing.)	**sina, sa**; (pl.)
where	**kus, kuhu**		**teie, te**
whilst	**kuna**	young	**noor**
who	**kes**	your (sing.)	**sinu**; (pl.)
whole	**kogu, terve**		**teie**

Grammatical index

The numbers refer to the lessons in the book. In the index headings, **Estonian** words are in **bold type**.

abessive case 10
ablative case 8
accusative case 3
adessive case 3, 8, 16
adjectives: comparative 6; declension 5; ending in '-**ne**' 9; formed from nouns 12; superlative 9; word formation 20
adverbs 4; comparative 8; superlative 17, 20; word formation 20
agent nouns 12
allative case 3

cardinal numbers 3, 4
case agreement, declension of adjectives 5
cases 13; abessive, 10; ablative 8; accusative 3; adessive, 3, 8, 16; allative 3; comitative, 3; elative 3; essive 12; genitive 3, 4, 9; illative 2, 3; inessive 1; local 13; nominative 1, 6; noun 1; partitive 2, 5, 7, 10, 11; terminative 4; translative 8
clauses: subjectless 14; subordinate 18
comitative case 3
comparative, of adjectives 6; of adverbs 8
compound nouns 3, 17
conditional mood 8, 10

conjugation 1, 3
conjunctions 3
consonant gradation 1, 2
consonants, voiced and unvoiced – see, *The sounds of Estonian*

declension of adjectives 5; of foreign names 14, 16; of ordinal numbers 19
definiteness 1
diminutives, word formation 20
elative case 3
essive case 12

feminine nouns 17, 20
foreign names, declension 14, 16

genitive case 1, 3, 4, 9; plural 9; stem 3
gerunds 8, 17

illative case 2, 3
imperative 2; first person plural 16; impersonal 18; negative 5; object of 15; second person singular 3
impersonal form, present tense 15
impersonal imperative 18
indefiniteness 1
inessive case 1

infinitive 1
irregular verbs 2

local cases 13

negative: imperative 5; participle
  '**ei**' 2; of past tense 12
nominative case 1; plural 6
nouns: agent 12; cases 1 (*see also*
  cases); compound 3, 17; feminine
  17, 20; word formation 20
numbers: cardinal 3; ordinal 4

oblique mood 11
optional pronouns 1
ordinal numbers 8; declension
  19

participles: indeclinable 13; past 9;
  present active ('-v') 17; present
  continuous ('-**mas**') 13
partitive case 2, 5, 7, 10; ending in
  '-ne' 10; plural 11
passive form, present tense 15
passive past participle 15
past participle 9
past tense 3, 4; negative 12; passive
  16
phrases 19
postpositions 4, 13, 14
prepositions 4, 13
present active participle '-v' 17

present continuous participle '-**mas**'
  13
present tense 1; vowel change 5
pronouns 1; optional 1; partitive
  forms 7

reported speech, 'quoting' mode
  20

second infinitive 3, 9
subjectless clauses 14
subjunctive mood 8, 10
subordinate clauses 18
superlative: of adjectives 9; of
  adverbs 10

tag questions 11
tenses: past 3, 4; present 1;
  sequence 18

terminative case 4
translative case 8

verbs 1; conjugation 1; irregular 2;
  past tense 3, 4; present tense 1;
  used with adverbs 14; word
  formation 20
voice
vowels *see The sounds of Estonian*

word formation, with suffixes 20
word order 4, 18